子育ても
料理も
科学も
遊んじゃおう

暮らしのなかの学びあい

曽田蕭子

太郎次郎社

●序文

生の活気と創造をとりもどす

日高六郎

曽田蕭子さんがこの本で語っていることは、たいへん簡単で理解しやすいように思われます。しかし、そこには鋭く深い考えがあります。それは、私たちが現代という魔物と対峙しながら生きていくとき、本質的にたいせつなことです。

曽田さんは考えます。

——私は、夫や子どもたちのためにではなく、ある与えられた社会的目標のためにでもなく、もちろん組織などのためにではなく、まさしく自分のために、生きいきとした生を生きたい。もしそうできるならば、それは、夫や子どもたちや隣人が生きいきとした生を生きるためにも、きっと役立つだろう。

——そして、そのように生きていくためには、「いま生きてるこの場所をもっと生きいきさせたい」。そしてまた、そのためには、「人と人との結びつきがもっているたいせつさはかけがえのないものだ、ということ」に気づく。

曽田さんが生活していた枚方市で、彼女自身も手をかして誕生させた「かたる会」は、「なにか」をかたる会ではなく、ひたすらに「生活の場で、人と人との結びつきそのものを目的にした会」でした。もちろん、この会なしには、この本は生まれなかったでしょう。

女たちは、この会にあつまり、沈黙のカラを破って語りはじめました。それはどういう意味をもっているのでしょうか。

いまほど人びとが画一化された生活を営んでいるときはないでしょう。しかし、いまほど各人がそのなかで、その営みにちがった意味づけをしている時代もないでしょう。高層団地にならんでいる無数の窓の形はまったく同一です。間取りも同一です。家族数もかなり似ています。年齢構成も似ています。食生活も、着るものも、見るテレビ番組も、読んでいる新聞もかなり似ています。子どもの通う学校もおなじです。

こうして似たような生活感情・生活意識が生まれます。高ぶった幸福感は乏しいかもしれませんが、打ちひしがれた不幸な気持ちも少ないようにみえます。人びとは、一種の規格化された生活を受けいれて自己満足しているようです。

しかし、もう少し近づいてみると、おなじ形の窓のなかで生きている人びとの、とりわけ女性の意識はほんとうに多様です。そして、この「自己満足」に満足できない人びとが、とくに女性たちがかなりの数いるのです。

ある女性は、「結婚してすぐ枚方に引っ越して二年、夫以外に知る人もなく、じいっと壁をながめて夫を待つ生活をしていた」そうです。しかし、どうしても耐えられなくなった。「かたる会」に出席し、一時間、二時間と、彼女は自分の「長い長い物語」を語りはじめます。聞くものの深い共感をひきだしながら。こうして一人の女性の沈黙がとけはじめました。

じつは敗戦のあとでも、女性の沈黙が問題となりました。それは、大家族のなかでのけものとなっている嫁が、かまどのまえにしゃがみこんで、ワラやら木の枝やらを燃やしつづけながらの沈黙でした。いまは核家族のなかで、帰宅のおそい夫を待ちながらの沈黙となりました。このように沈黙の質は変わりました。しかし、沈黙のカラを破ることなしに、曽田さんのいう生の「活気と創造」を取りもどせないということには変わりはありません。

女性の凍りついた沈黙は解凍されることを望んでいます。しかし、なにによってか。その方法は沈黙の質によってちがってくるかもしれません。曽田さんの方法論のなかに、私は彼女が生きた時代をくっきり見る思いがします。

六〇年安保を学生として、大学紛争を大学に勤めながら迎えた世代に属する彼女は、いつでも「私」自身から出発するのです。

「私」にとって大学とは、学問とはなにか。「私」にとって就職とは、結婚とはなにか。「私」にとって友人との会話とはなにか。「私」にとって人生とはなにか……。

それは大学紛争のなかの一部で、しかも、もっとも自立的に考えた学生たちの一部で生まれた発想でした。彼らは聞きあきた大義名分を語るよりも、日常の生活の質をたえず問いかけたのです。

「かたる会」で話題となるのは、「壮大なテーマ」についてではありません。たとえば、「地域で育つ子どもについて」ではなく、先生に「きみの成績ではいく学校はないよ」といわれた子どもについてです。しかも、この問いかけにかんたんな「正解はない」と感じながら、話はすすんでいくのだそうです。

敗戦のあと、女性の沈黙の氷がとけはじめたころにも、もちろん、身近なことが話題として取りあげられました。しかし、その身近なことを語るのは、ほとんどいつでも、ある大きなことがら、壮大な目標を引きだすためのとば口としてでした。

その壮大な目標とは、日本をどのように変革していくか、ということです。そのこととつながらない「身近」な話は、いまどきはやらないことばですが、「這いまわる経験主義」とバカにされました。問題のたてかたが、「かたる会」とは逆です。「日本の社会の進歩や変革にとって、私はなにか。私はなにができるのか？」という発想です。

女性の沈黙のカラの破りかたが、戦後の歴史のなかで、こうも変化してきたのはなぜか。いま、そのことをここでくわしく考えることはできません。しかし、変化は現実にあったし、また、その変化は、すくなくとも私の考えでは、まともでした。それは日本だけではなく、工業化の進んだところでは、世界的に生じたことでした。

「スモール・イズ・ビューティフル」（小さいことは美しい）という、エコロジイの運動のなかで生まれたもっとも美しいことばは、この変化を象徴するものだと思います。

この「スモール」は「かたる会」にも、それに参加する一人ひとりにもあてはまります。一人ひとりは小さいからこそ美しく、美しいからこそかけがえがないのです。

しかし、その小さいものはそれぞれにひとつの小宇宙です。生命は頭だけでも、手足だけでも生きていくことはできません。まさに有機的な、あるいは有機的といってもよい全体として、ひとつの生命です。いうまでもなく、生の「活気と創造」は、小さくてもひとつの価値としての生命を取りもどそうとする意志と切りはなせないのです。

この本のなかで、読んでため息がでるところがあります。亡くなられたご主人はパリで物理学を研究していました。蕭子さんも物理学徒です。パリから、彼女の仕事が認められたので、パリにきていっしょに仕事をしないかという誘いの手紙が彼女のもとにとどきます。

彼女は研究のおもしろさを十二分に知っています。しかし、いま、科学研究を支配しているのは「儲けと国家威信のため」の独走にしかすぎないとみた彼女は、すでに心の底で大学の研究室を去っています。彼女は、「研究に流れる精神」と、「暮らしに流れる精神」の合流するところでこそ、創造の芽がいぶくと考えているのです。

パリからの手紙が彼女の心を動かさなかったはずはないでしょう。しかし、彼女はちょうどそのとき、「かたる会」の合宿計画の準備のために一生懸命でした。彼女はそのためにかけがえのない存在でした。曽田さんはパリ留学を断念し、合宿準備のほうを選びます。

私のように曽田さんの考えを支持したい人間でも、惜しかったと思います。しかし、彼女の思想ははっきりしているのです。彼女は社会的な評価や社会的な有用性を選びません。研究者としての「創造」も、人と人とを結びつける「創造」も、彼女にとっては等価です。等価であればこそ、目前の仕事、友だちと協力してやりかけている仕事を優先するという、彼女らしい選択なのです。

こうして、パリ行きか合宿準備か、仕事か家庭か、研究か暮らしか、女の立場か男の立場か、日常的なことか壮大なことかといったたぐいの二者択一は、彼女にとってはすべて第二義的な——もちろん、重要でないとはいいませんが——問いかけになってきます。問題は、どうすれば自分という生に「活気と創造」をもたらすことができるか、ということにしぼられます。

もちろん、こうした立場にたつと、社会的な地位の上下とか、職業評価の高低とか、男女の不平等とか、子どもたちの偏差値とか、そうしたことはすべてふっとんでしまいます。

さて、そのこととならんで、もうひとつ注目したいことがあります。曽田さんは、「活気と創造」の源泉を「人と人との結びつき」に求めました。しかし、彼女の文章をこまかに読んでみると、その「結びつき」の強調は、「人と人」とのあいだだけではなく、「人と自然」との交流・交感にまでひろげられていることがわかります。

たとえば、彼女にとって「物理」とはなにか。彼女は、「物理って自然そのものではない。自然の語りかけによって生まれるものだ。……（人は自然と）交感できる固有のリズムを自分自身のなかにも見つけていく。私には、これが物理だと思われてならない。物理って、自然にたいする語りかけの一つの極致なのだ」と書くのです。

また、あるところでは、彼女の子どもがその指先で五月の新鮮な葉っぱとしきりにたわむれているさまを美しく描いています。その子は、「その瞬間、はじめて葉っぱに真新しいなにかを感じとった。つまり出会った」のです。

この情景のすぐあとに、彼女は、大学紛争のころ、学生は大学の教授たちに、その子が求めたとおなじような出会いを求めていたのではないかと問うています。

人と自然、人と人との関係を、こうした「出会い」として感じる彼女の感性を、私はたいへんん象徴的だと思います。なぜならば、現代とは、人と自然、人と人との交流・交感がもっとも疎遠に切りさかれようとしている、まさにそこが特徴的である時代ですから。「活気と創造」を求める曽田さんは、人と人、人と自然という、人間の二つの重要な関係に降りていこうとするのです。

この本には、考え（思想）の深さと読みやすさとが結びついています。私はこの本からたくさんのことを学びました。考えの深さと読みやすさとが結びついているこの本は、「いま」という生きにくい時代を悩みながら生きていく人たち、とくに女性にとって、貴重な贈りものだと思います。

曽田蕭子さん。

もうだいぶまえ、私はあなたから一通の長い手紙をいただきました。一読して、たいへんな人が存在していると感じました。

そのあなたが一冊の本をだされるという。そして、私にその序文を書けといわれる。私はこまってしまいました。

この本は、十二分にあなた自身を表現しています。なにをつけ加える必要があるでしょう。もしつけ加えて、あなたの真意をまげでもしたら、取りかえしがつきません。

しかし、結局、この一文を書きました。役に立つことを願いはしません。大きなまちがいをしていないことを願うだけです。

一九八八年二月

目次

序文――生の活気と創造をとりもどす――日高六郎――3

プロローグ――大阪へ、そして、大阪から――15

I章――人と人とのふかい結びつきを求めて――23

●暮らしのなかで女たちが育てる「かたる会」

おしゃべりのいい感じ、おすそわけします――いい感じの不思議な感染力――今様井戸端会議「かたる会」、ここに誕生――おそるおそる社会教育課へ相談に――「ひとりの人間にかえる」思いの爆発――暮らしのなかに「脱線」はない――「まっとうな生き方」って何?――自分の「片割れ」と出会って育つ

Ⅱ章——語れば、なにかがはじまる——51
●「かたる会」ってミニ宇宙みたいなもの
子づれで「かたる会」に里帰り——「まきでごはんを炊く」ということ——「人」に語りかけ、「もの」に語りかける——おしゃべりのためだけに集まる——暮らしがあるからこそ深く学べる——なぜ夫たちは心を共有しないのか

Ⅲ章——熱い問いと答えとのあいだで人は育つ——75
●子育てとは、暮らしとは、学ぶとは
おしゃべりは、もう止まらない——女たちで子づれ合宿をやろうよ——「私」たちから「私たち」へ——さあ合宿だ！　まるで民族大移動——この心地よさこそ「自由の感覚」なんだ！——牛乳や野菜の共同購入もはじまる——熱い問いには、おなじ熱さの答えが必要だ——料理も物理も創造の心はおなじだ——せいいっぱい自分を燃焼させたい

Ⅳ章——仕事も子どもも抱きしめて——111
●共同保育所「たんぽぽ」から「かたる会」まで
大阪で仕事三昧に暮らす——母親も子どもも生きいきと生きるには——子どもは人と人との出会いをつくる——赤ん坊って、なんて烈しく生きてるんだろう——自分たちで保育所をつくっちゃおう——市長の部屋が保育室に早がわり——ああ、輝かしい赤ん坊時代よ！——子どもたちには「よその家」なんてない——大学は創造を忘れてしまった——葉っぱへの求愛——大学に絶望して

Ⅴ章——とどまれ、この混沌にとどまれ——147
●大学時代、自分の感覚を育てる
ワクワクする瞬間がほしい——物理に夢中になって——心の奥を励ます学問に出会いたい——好きな物理にのめりこむ——自分らしさを芽ぶかせたい——六〇年安保の渦のなかで——はじめて国会へデモに——ひとりの女子学生が死んだ——とどまれ、この混沌に——風とおしのいい生き方を求める——私にとっての物理とは

エピローグ——「小さな願い」をたいせつに生きる——175
女は子どもさえ生めば、世界は男がつくる？——夫の不慮の死に出会って——生きることをつむぎあう——「小さな願い」を求めつづける

あとがき——187

●プロローグ

大阪へ、そして、大阪から

列車は大阪駅についた。降りると、あたりは光でいっぱい。木々の葉もアスファルトも、家いえの屋根も輝いていた。東京から着ていった粗い織り目のサマー・スーツが場ちがいな感じだ。人びとは、そこではまぶしい光のなかを半そでのシャツで歩いていた。やわらかい大阪弁が耳にとびこんできた。

一九六六年六月四日、私たち夫婦は東京から大阪に引っ越した。夫の就職先が大阪にきまったとき、「私は東京に一人で住むわよ」と夫にいった。が、事情が変わって、私自身の勉強のためにも、いっしょにいくほうがよくなったのだ。そのとき、私たちは二十代だった。

しかし、十五年後に、その大阪から東京に引っ越すとき、夫はすでにこの世にいなかった。けれども、引っ越しの車中には、父親のおもかげをたたえた三人の子どもたちがいっしょにすわっていた。

その半年まえ、夫は職場のエレベータ事故で若すぎる急死をした。人生のまっ盛りで。その事実を深夜の彼の職場で知ったとき、私はまわりの空気がすべてなくなった、と感じた。でも、それは一瞬だった。小学生だった三人の子どもたちと暮らしをたてることをはじめ、さまざまな、のっぴきならない事柄が私を必要としていた。私は感傷ということばも知らないかのように、その一つひとつに相対していった。

彼が亡くなって、東京の両親の嘆きは深かった。「せめて孫たちにはときどき会いたい」と強く望んだ。私の仕事が東京にみつかり、私たち一家は親のいる東京に引っ越すことを決意したのだった。

でも、東京へ移ることは、私にとってはつらいことだった。子育てまっ盛りの時期、そして、夫の「晩年」、私たちは関西に住んだのだから。

枚方にいたころ、夕方、買いものにいく途中でいろんな友だちにあったものだ。ただにっこり笑って、彼女たちとすれちがうときもある。ときには、「このあいだ読んだ本、すごくよかった……」という話になったり、「こんどのおみそづくりの大豆ね……」とか、「私たちの『かたる会』、こんどはだれにしゃべってもらう?」とかいう相談になったりした。

よく「女たちはおしゃべりだ」といわれる。ほんとうに、私たちこそまさにそうだった。よく「女たちの話は飛躍が多くてかなわん」ともいわれる。まったく私たちの話はよく飛躍した。そして、よく笑った。不思議なことだが、この飛躍と笑いの間から、こぼれ落ちるようにステキな着想が生まれた。

また、ある夕方には、子どもたちと市民農園にいって、青ジソ・ナス・レタスなどを育てるために、草をとり、水をやったりした。どこからともなく、友だちの森口美千恵さんや久保浦稔子さんの声がして、ふりかえると、彼女たちも子どもづれでワイワイと収穫していたりした。

「あら、あなたも市民農園やっているの?」

この青ジソを、おそく帰った夫は十枚も二十枚もバリバリたべて、ビールをグイグイ飲むのが日課だった。そして、「おいしい、こんなぜいたくはないよ」というのだった。あいている土地を市が借りて、市民に市民農園として借すということを知ったとき、夫は即座に「借りようよ」といった。連休に子どもたち三人をつれて一家でそこに行った。荒れ地だった。夫は深くくわを入れて、その荒れ地を耕した。私と子どもたちはガラスの破片や石を拾ったり、土をやわらかくして腐葉土を入れたり、苗を買ってきたりした。

夫はそのころ仕事に夢中で、実験に計算に明け暮れていた。そんな彼にとっては、夜、職場から帰って青ジソのかおりのなかに家族の昼間を感じとるのは、たいせつな瞬間だったにちがいない。私たちのおしゃべりは、畑のトウモロコシを振りだしに、物理のことへ、そして、山の本のことへとつきることがなかった。

よく夜にも「かたる会」の友だちがきたりしたっけ。丹羽雅代さんは、あるとき絵本をごっそりかかえてやってきた。「見て、この本。子どもたちが夢中になったのよ」——そういって彼女は宝物のように本のページをめくってくれた。私もつりこまれずにはいられない。その本は、たし算やかけ算や関数のカラクリにイメージでせまろうとする不思議な絵本だった。

こんな行ったり来たりが何度かあるようになった。夫たちは、夜、家に帰ったとき、妻の友だちが楽しそうにしゃべっているのを発見するようになる。私たちはといえば、そんなとき、ほんの五分ほど夫のご飯を暖めに立つぐらいのもので、おしゃべりの熱気はさまさない。それが夫たちをひきつける。彼らは、あるときはグラスを持ったくつろいだかっこうで私たちの話に加わる。

ある友だちがお産で入院した。一日の仕事を終えた夫は、夜、家に向かう。まっ暗である。当然ながら。彼はそばの電話ボックスにはいる。「かたる会」の友だち（正確には妻の友だちの夫。でも、だれがだれの友だちなのかすぐにわからなくなる）のところに電話すると、「ぜひいらっしゃいよ」ということになり、ものの五分もたたないうちに、そこのカップルの居間に彼の笑い声がきこえるのであった。

彼らは、そういうなかで生まれた「かたる会」の文集やビラにも興味津々である。ただ妻のまえではそれをちょっとかくすだけ。で、彼らが、朝、通勤電車でぐうぜんいっしょになると、こういったりした。「女房たちのあれ、読みましたか」。

あるときは、劇団にかかわる女の人がいった。

「枚方のようなおもしろい女たちの暮らしている市で――劇って、もっと大きな市でやるのがふつうだけど――ぜひ公演したい。力になってくださる?」

こうして私たちの出会いはチャンネルを五つも六つも持つようになった。

私たちはいつしか、私たち自身がつくった青ジソをたべ、トウモロコシをかじり、私たちがしこんだみそでナスを料理し、私たちが書いた文章を冊子にし、売り、それについておしゃべりしていた。友だちがまわしてくれる映画を、相の手をいれながら見ていたりもした。それらはおしゃべりの飛躍や笑いから生まれ、さらにおしゃべりを生んだ。

ある夜、夫はいった。

「明日の集中講義のレジュメだけど見てくれない?」

「コーヒーを入れてくれるなら」

彼の仕事にかかわる五つか六つの話題がならんでいた。

「うーん、おもしろい」

「なぜ、うんじゃなくて、うーんなの？」

「一つ一つおもしろい話ね。でも、なぜこの話たちはこの順番にならんでいるのかしら」

あるときその順番は、まるで赤や黄色の花が緑の葉のなかでかもしだすようないい雰囲気をつくる。でも、なぜ？　彼は、「うーん、ぼくにもわからない……だけど、どうしても話はこう並んでいなければならないんだ」といいきる。

彼はこの飛躍を喜んでいるようであったし、一方、私はなぜこの飛躍が私たちに喜ばしいのか、そのなぞときをいっきにしたいのだった。

話というのは通じるためにだけするのだろうか。われ知らず疑問があふれだすということもある。われ知らず悩みや喜びが胸の壁を飛び越えることもある。

どうやら私たちは、枚方でそういう自分たちをたいせつに育てていたらしいのだ。

そんな思いも乗せて、いま、列車は子どもたちと私をのせて東京へと走る。私は高良留美子さんの詩集をとりだして読みはじめた。

一本の木のなかに
まだない一本の木があって

その梢がいま
風にふるえている

一枚の青空のなかに
まだない一枚の青空があって
その地平をいま
一羽の鳥が突っ切っていく

一つの肉体のなかに
まだない一つの肉体があって
その宮がいま
新しい血を溜めている

一つの街のなかに
まだない一つの街があって
その広場がいま

わたしの行く手で揺れている

（詩集『見えない地面の上で』思潮社〈高良留美子〉より）

この詩は私を十五年まえに引きもどした。そう、夫と私はそのとき、大阪へ向かう車中でおしゃべりをしていた。まだ若かった二人がもっていたものは未来へのあこがれだった。あこがれのなかに思いはたっぷりはいっているが、とらえにくい。浮かんだと思ったら消える。そのせいか、大人はいう。「いつまでもそんなものにかまってはいられない。若いときが過ぎ、子どもが生まれ、生活の責任が重くなると、そんなことは忘れてしまうさ」と。

そうはいいきりたくない、と私たちは思った。願った。あこがれだって、消えるために存在するんじゃかわいそうだ。なんとかしてそれぞれのあこがれにかたちを与え、色をつけて生きていきたかった。――列車は大阪に近づいていた。

関西で、友人たちはそんな私たちを大きく受けとめてくれた。

●Ⅰ章

人と人とのふかい結びつきを求めて

——暮らしのなかで女たちが育てる「かたる会」

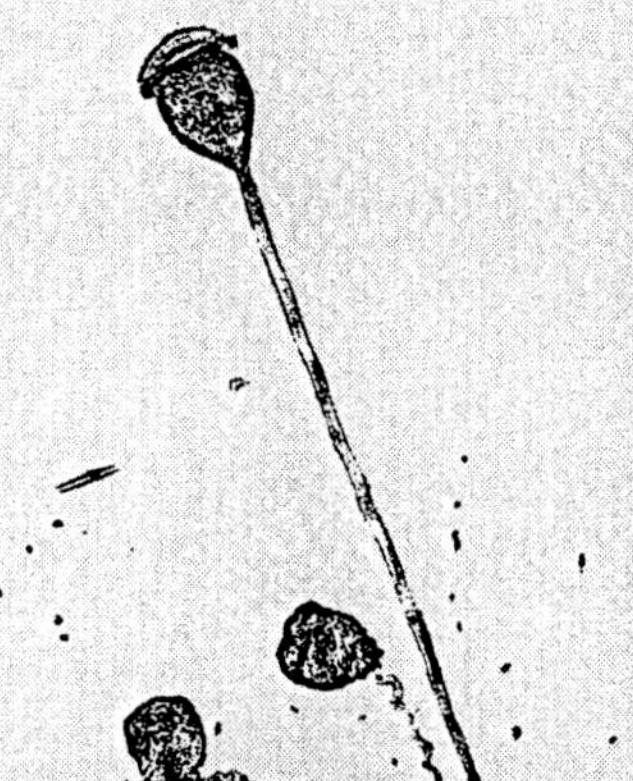

おしゃべりのいい感じ、おすそわけします

ある夕方、気がついてみたら、私のやっていたことはこんなていたらくだった。

子どもたちや夫の好きな料理をめずらしくスイスイつくっている。歌なんか歌って。水道はジャーッと声をあげ、おなべからはいいにおいもただよいだした。子どもが外から「ネ〜、お母さん！」と帰ってきても、よく話にのってやれる。特別、努力したわけでもないのに。その日はどうしてか、こんなふうなのだ。ふだんの私に似ず……。

その原因は、夕方、スーパーのまえで友だちに会っておしゃべりしているうちに、すご〜く気があってしまったということだったり、友だちからいい手紙をもらったということだったりする。こうしてみると、人にとって、人と人との結びつきがもっているたいせつさはかけがえのないものだ、ということに気づかされる。

人と人とのおしゃべりが、そして、結びつきがドキドキするほどすてきだったら、どんなにいいことか。そんな瞬間が、結婚している女どうしにも、中年になった男と女とのあいだにも、おとなと子どもとのあいだにも、見も知らぬ人と人とのあいだにも、ときに訪れるのだったら、生きてるってことがどんなにふくらみを増すことか。仕事だって、料理だって、子育てだって、

もっと心たのしく、自分流にイメージしてやっていけるかもしれない。そのなかから新しい自分の生き方が浮き彫りになってこないともかぎらない。

でも、「ふつうはおしゃべりしたって、なにも始まらない」と、『ひと』（太郎次郎社）編集部の浅川満さんは、やや挑戦的に私にいった。「語れば、なにかが始まる――心のなかに、暮らしのなかに」という文章を書いたときのことである。それは、きわめてもっともな大人の意見だと思う。

このごろの新商売に、「家事のお手伝い、どんなことでも電話一本でやります。棚の取りつけ、掃除、庭の草とり、留守番、どんなことでも、お困りのとき、電話ください」というのがある。その商売はすごく受けているとか。依頼のなかには、「私といっしょに夕食を食べてくれないか」という内容のものがけっこうたくさんあるそうだ。会社の人が、夕食をつくるのだと思っていってみると、なんと夕食はすでにできあがっている。ただ文字どおりいっしょに食べてくれという依頼だったのだ。おいしいお料理をつくっても、いっしょに食べてくれる人がいなかったらしい。

家族と暮らしている人だって、その点にかんしていえば、そんなにしあわせとはかぎらない。ある少年は、「きょうもハムスターとしかしゃべらなかった」と書いて自殺した、という。この少年の気持ちに自分の気持ちを重ねあわせて聞く人はずいぶん多いことだろう。

こんなことが心によぎるのを感じながら、私は浅川さんにたずねてみた。

「ふつうは、おしゃべりすると、どうなるんですか」

「ふつうは、語れば、ちがいがはっきりしてシラけてくる。くちびるがさびしくなるかもしれない。それっきりということになる」

そのような体験がいくつか重なると、人は貝のように口をとざして生きようとする。でも、たまらなくなって、いっしょに食事をしてくれる人を求めて、「家事サービス会社」に電話をするのだろう。それはわかる気もする。でも、そういって、あきらめるのもいやだ。いま生きてるこの場所を、もっと生きいきとさせたい。

「私たちは子育てのまっ最中、『かたる会』という定期的な井戸端会議をやって、おしゃべりのもついい感じを満喫しました。いい感じを空気のように吸って暮らしていたんです」と、私は浅川さんにいわずにはいられなかった。それで、そのことをあなたにもお伝えできたらと思って、文章にまとめてみることにした。ちょうど煮物のおすそわけのように。

いい感じの不思議な感染力

ある人がいい感じで暮らしている。たとえば、きょうはお母さんの機嫌がいい。この感じは不思議な感染力をもって、その夫や子どもたちを、そして、近所の友だちを満たしていく。それはいくぶん輝いた目、ユーモアのある語り口、ちょっとした気まえのよさなどをとおして、まわりのものにすぐ感じられる。

私たちの住んでいた枚方では、まさにそれがおこっていた。いくつもの家で。家から家へと。毎日のように。どうも、その震源地は「かたる会」のようであった。

「きょう、きみ、やさしい声だね。どうかしたの」と、森口さんは夫の多聞さんにいわれた。なにかの用事で家に電話をかけた多聞さんは、「ハイ、森口です」と受話器をとりあげた森口さんのたったひとことのもつやさしさにびっくりしたらしい。彼は絵にかいたような模範亭主ではなく、いわばふつうの意味の〝男らしい〟、会社のために全力をあげて働く男の人である。そして、彼女も絵にかいたように夫につくす人ではなかった。それなのに、その日の「ハイ、森口です」といったことばはやさしかった。

じつは、この奇跡のような話は、彼女が「かたる会」にはいった日におこったのだ。彼女はその日、南郷昌子さんにつれられて「かたる会」にやってきて、暮らしてるなかで感じている割りきれない思い、夫とのあいだのつながらない感じなどを連綿と話した。話したりなくて、夜九時ごろ、私と南郷さんが彼女のうちにいって、つづきをずうっと聞いていた。そのときなのだ。彼からの電話がかかってきたのは……。

「なぜ、あのとき、胸にたまっていた思いを、あんなに一度に話したのかな。不思議なくらい」と彼女は、いま、いう。

「なにか、〝ここでなら何を話しても受けとってもらえる〟って、直感的にわかっちゃった感じ」

いい感じが、「かたる会」にはいりたての森口さんにも、そして、夫の多聞さんにも伝わってしまったらしいのである。

そのころ、「かたる会」は毎月一回、土曜日の夜にやっていた。男の人たちは、自分の奥さんが、土曜日の夜、自分といることより女どうしのおしゃべりを選んだことを、はじめは不都合に思い、そして、同時にいぶかしく思ったという。でも、その後、「『かたる会』の何がそんなに彼女を引きつけるのだろう。なぜ、女と女で話すのが楽しいんだろう」といって、一人、二人と話しあいに加わる男たちもでてきた。

子どもたちにとっても、「かたる会」はいいものだったようだ。木曜日ぐらいになると、「あと二つ寝ると『かたる会』」などという。金曜日の夜、「あした『かたる会』でしょ。だから、あしたの夕食のために、いまからカレーを煮ておきましょう。じゃがいもをむいてね」というと、「ハーイ」と調子よく返事までするではないか。わが子はこんなにいい子だったかと、親のほうが驚くしまつ。

当日になると、子どもたちは、お母さんたちがおしゃべりしているとなりの部屋で、十人ほど群れて遊んでいるのである。公認の夜あそび、しかも、となりにお母さんもおばちゃんたちもいる。小学校低学年を中心にした子どもたちにとって、こんないいことはない。でも、それだけでなく、お母さんたちが友だちどうしで楽しい時間をすごしている、というそのことが、子どもたちの心をすごく安定させ、あたためているのだ。

ある六年生の男の子・はじめくんが、その日、熱を三十七度五分くらいだしてしまった。「じゃあ、お母さん、『かたる会』にいくの、やめておこうかな」とお母さんがいうと、はじめくんは、「いっておいでよ。帰ってからのお母さん、すごくニコニコしてるんだから。行かなかったら、そのことをいつまでもブツブツいうんだから。ぼく、知ってるんだから」といった、という。

私の夫も帰りがおそいほうだった。その日も子どもたちが寝静まってから帰り、おそい夕食をとっていたとき、玄関のベルが鳴った。でてみると、団地のとなり階段にすむ松田栄子さんだ。そのころ、私たちは松田さんもふくめて、「たんぽぽ」という共同保育所を苦心して運営し、子どもたちをいっしょに育てながら、それぞれ職業をもっていた。松田さんはバレー(踊り)の先生をしながら、自分もバレーの修業をしていた。「たんぽぽ」は、場所も追いだされそう、お金も赤字……と、こまったことがつぎつぎおこり、いつもきめこまかな話しあいが必要だった。

「あの昼間の話ね、どうしたらいいかしら」と彼女がいったのを私はひきとって、「なかで話しましょう、どうぞ」と誘ったのだ。ふいにいらした私の友だちを、こんな時間に、しかも夫の帰ってきていた部屋にとおすのは、私もこれがはじめてだったから、多少とまどいもあったのだが……。夫は、食事がすんでコーヒーを入れていた。が、「ちょうどいい。ぼくのコーヒーはおいしいですよ」といって彼女にすすめたのである。

彼女は、そこにでていたチョコレートを、「ほんとうは、こんなに食べたら商売にさしつかえるのだけど……」といったにしてはびっくりするほど食べながら、一時間ほど「たんぽぽ」をめぐっていろいろと話して帰った。夫は彼女が帰ると、真顔で「きょう、ぼくはうれしかった。松田さんとこんなふうにおしゃべりできるだけでも、『たんぽぽ』をはじめてほんとうによかったと思うよ」というのだった。

実際に、あなたのお客さんを、あなたの家に呼んだとき、ご主人が台所に立ったら？　あなたがPTAの用事で、夜、ダイニング・テーブルに資料を広げて書きものをしてたとき、受験中の子どもが、だまってコーヒーを入れてくれたら？　あなたが、友人たちとしめしあわせて好きな歌手のコンサートを自宅でやったら？　あなたが、何十年ぶり（十何年ぶり？　失礼！）に手づくりのポスターをつくって、人びとにそのコンサートのことを告げたとしたら？

あなたが、また若いころのように、いろんな友だちができて、若い人とも男の人ともときを忘れておしゃべりしたら?

もし、その一つでも現実におこったらどうだろう? 想像してみてほしい。生きることが、たったいま開いた花のように新鮮になるのではないか。

これは、私の身のまわりで実際におこったことである。いい感じが心から心へと道をつけて、いろんな人たちが知りあいになり、いっしょにいろんなことをやっていったのだ。

今様井戸端会議「かたる会」、ここに誕生

「かたる会」というのは、いまから十数年まえ、私たち子育てまっ最中の女たちが、大阪と京都の中間にある典型的なベッドタウン、枚方市ではじめた定期的な井戸端会議、正式には婦人学級のことである。

ふつう婦人学級というのは、夫や子どものいない時間にやる。机のキチンとならんだ黒板のある部屋で、大学の先生などを講師に呼んで、ある決まったテーマについて話してもらう。決まった時間だけまじめに勉強して、あとは「さよなら」というものが多いのでは?

「かたる会」はまったくちがう。まず、やる時間は、まえにも書いたように夜。それも土曜

日の。ふつうの夫なら、まず奥さんに家にいるように期待する時間。そのときに女たちが楽しい集まりを創っていったのだ。テーマを決めずに、さそい水となる話だけを用意して、えんえんと話していくのである。いちばん話したいことを話すのだから、テーマのなかにおさまるはずはない。話すあいだにいろいろと触発され、勇気が湧いてくる。つづきがきっとあるので、二次会をだれかの家でやる。そこのダンナも話に加わったりする。ちょっとしたつまみやつけもので、お酒も飲む。音楽もあったりする。

まわりもちの責任者以外、運営委員もいないし、講師もいない。だれかを呼んできて話を聞くにしても、友だちとして、おもしろい友だちとして呼んでくる。「私の友だちに農業をはじめた人がいるの。こんど『かたる会』によんでくる」というぐあいに。友だち、その友だちの友だち、そのまた友だち……というふうに見ていくと、ずいぶんいろんなステキな人が身のまわりにいて、それぞれのことに力をつくして生きているんだなあと驚く。

壮大なテーマについて話すわけではない。現に私たちのところでおこっていること、気になっていることを話す。たとえば、「地域で育つ子どもについて」ではなく、「うちの子どもったら、進路をきめるとき、先生に、〝きみの成績ではいく学校はないよ〟といわれて、家に帰って何をしたと思う？　机のうえの教科書を本箱の後ろのほうにしまって、かわりにマンガの本をデンとならべちゃったのよ」というなまの話である。ゆらぐ気持ちそのものである。どうしたらいいのか。聞いている私たちにも正解はない。ただ聞くことからはじまる。

また、「妻の自立について」ではなく、「夫と私のおしゃべりは共同保育『たんぽぽ』をはじめてどうかわったか」「このごろ、夫が、組合が忙しいからといって、何日も話もしてない」という話もだされる。一般論なら、心を動かさずにいようと思えばいられる。でも、こういう砂かぶりの話は、私たちの心を深くゆすぶらずにはおかない。

こんな「かたる会」は、じつは「ひょうたんからこまがでる」ようにして生まれた。

私は子どもを生むとき、「子どもも私も、生きいきと生きたい」と心に念じた。子どもたちだって、母親の生きいきした情感に触発されて、生きるということを感じとっていくにちがいない。

とうぜん、当時、のっていた仕事はやめられない。そこで、おなじように困っていた女たちと共同で、自主保育の場所をつくってしまったのだ。ちょっと想像していただければわかるように、それはたいへんな作業だった。職業があり、子育てがあり、そのうえありったけの力をだして共同保育の場をつくったのである。そのなかで私は教えられた。人って、いっしょうけんめいになったとき、みごとな力がでるし、やさしいまなざしを持つことを。看護婦さん、教師、声楽家（の卵）……といろんな職業の人がいた。そして、職業についていなかった何人かの女たちが、保母をひき受けてくれた。男たちも、場所の確保のために職場を休んで交渉にあたり、大工仕事をし、共同運営をするための、夜を徹しての話しあいに加わった。

この共同保育所「たんぽぽ」という小さな場で、職業を持つ・持たない、女・男といった立場をかるがると飛び越えて、人のもつ生きる力が重なりあい、化合していったのである。私は、こんなひょうたんから、こんなこまが奇跡のように一つ、また一つと飛びだすのに驚き、あきれて見つめていた。(客観的には私もその仕掛け人の一人だったといえる。)人と人とはもっと強く、もっと深く結びあえるんだ。それも暮らしの場で。子育てのまっ最中でも。否《いな》、子育てのまっ最中だからこそよけいに。夢はけっして若者の占有物ではない。

これらのことは、私にとって目のさめるような体験だった。それなら、生活の場で、人と人との結びつきそのものを目的にした会はできないものか。「かたる会」はこうして生まれ、人びとの心に深く結びついて育っていったのである。

おそるおそる社会教育課へ相談に

その「かたる会」が婦人学級の一つになったのは偶然だった。多賀洋子さんといっしょに「たんぽぽ」から帰る途中のことである。両方の子どもたちが群れて、はしゃいで私たちのまえをいったり、きたりしていた。多賀さんがいいだした。

「こんどストーリー・テリングの会をはじめたの」

「ストーリー・テリングって、なに?」

「図書館などで子どもたちにお話をしてあげるための一つの方法なの。アメリカから広まったの。私たちも練習したい、と思って。〝子どもの文化婦人学級〟という名まえの会なの」

「婦人学級?」

聞きなれないことばだ。

「婦人学級なのよ。この会を婦人学級にしてくださいと市に登録すると、婦人学級になるの。一年間の勉強計画とメンバーを示せばいいのよ。そうしたら、年間四万円の委託料がでるの」

「『かたる会』も、婦人学級にしたらどうかしら?」――期せずして二人はひらめいたのだ。そうすれば、委託料をつかってもっと活動ができるだろうし、仲間も枚方市中にひろがる。

「でも、しめきりは明後日なの」

「ええ? どうしたらいいかしら」

その日の夜、何人かの人におうかがいをたてたら、婦人学級になったほうがおもしろそう、という声ばかり。

翌日、とにかく教育委員会の「社会教育課」というところに一人でいった。こんないかめしそうなところは苦手だなって思いながら。でも、ほかの人はどうしても都合がつかなかったのだ。

「あの～、婦人学級のことを教えていただきたいのですが……」とおそるおそるいったら、三十代前半らしい男の人がでてきて、いろいろと説明してくれた。私は「かたる会」のことを話した。

「子どもがどう育つかのカギは、まわりの大人たちの生き方にあると思う。私たちは、教育とは学校のお勉強のことだ、とは考えていない。大人と子どもの伝えあいだと思う。大人たち自身が感じていること、話したいことをせめぎあわせ、煮つめて、自分自身を発見する。その輪のなかで子どもたちはしぜんに好ましく育つんじゃないでしょうか」

「そんなのは婦人学級ではない」と、いついわれるかと心配しながら話していたのに、いっこうにその気配はない。私の声をのぞけば、むしろ、そこにはしんとした静けさがただよっていた。いつのまにか昼休みになり、部屋がまばらになっても、彼はそれさえ気づかないようにじいっと聞いてくれていた。首でかすかにあいづちを打ちながら。

私が話をやめると、彼は五、六枚の用紙をだしてきていった。

「これをあすまでに提出してください」

その口調は、共感して聞いていてくれていた人のものであった。

これが枚方市の社会教育との出会いであり、渡辺義彦さんとの出会いだった。渡辺さんは、

「かたる会」の生活をこめた学びにずうっと共感をもってくれてきた。それはとってもありがたいことだった。あとになってからわかったことだが、枚方市の社会教育は、市民の主体性を重んじるユニークなものとして全国に知られていたのだ。しかも渡辺さんは、そもそも市民の主体性とは、いまの世の中で、具体的にどういうことなのか、どういうときに発揮できるのかを考える姿勢をずうっとくずさない人だった。

こうして、「かたる会」は婦人学級の一つになったのである。

「ひとりの人間にかえる」思いの爆発

「かたる会」では、国立市の公民館保育室の歩みを書いた『母と子の自立への拠点に』(国立市公民館発行)を読むことになった。このなかにでてくる「若いミセスの教室」のメンバーは、わが子の保育をしてもらいながら、ひさびさに勉強をした。この本には、その場が生まれるきっかけ、育っていった経過がドキュメンタリーふうにつづられていた。

「自分らしくなにかをやってみることと、母親として子どもをはぐくむことは、相いれないものなのか。ほんとうのところはどうなのか」——このことは、いつか考えを煮つめてみたいという強い気持ちをおこさせるテーマとして、「かたる会」のメンバー一人ひとりの思いのなかにあった。それは、私たちが「かたる会」のなかで、当時、実感しはじめていた心のひろやかさのしんになるものとはなんなのかを確かめてみたいからでもあった。とくに職業を持っている母親と、家で子どもを育てる母親の感じ方のどこがおなじで、どこがちがっているかをじっくりつきあわせようという期待があった。

国立市の女たちの場合はどうだったのだろう。保育室ができるまで、公民館にくる主婦たちは、中高年層にかぎられていた。その年齢のときにやっと子どもから手が離れるからだ。活動する楽しさを知った彼女たちは、「こういう勉強を、もっと若いときにできなかったのがつくづく残念だ。子どもが小さくていちばんたいへんな、だけれどいちばん大事なときこそ勉強したかった!」という思いから、自分たちが保育をかってでて、小さな子どものいる主婦むけに「若いミセスの教室」を開く原動力となられたそうだ。

読みすすむにつれて、「かたる会」の一人ひとりは、ぐんぐんその内容に引きつけられていく。まさに自分自身の心のなかのどうしようもない矛盾が、この人たちにも共有されていたのだ。恐ろしいまでの集中した雰囲気が創られていった。

実際に「若いミセスの教室」に参加した人たちは、どう感じたのだろう。当時、公民館の職員だった伊藤雅子さんが書かれた本『子どもからの自立——おとなの女が学ぶということ』(未来社)から見てみよう。

「教室」で姓名をよばれて、ある主婦は言ったものです。「自分が山田花子だということを久しぶりに感じました。自分の名前を忘れて暮していました。」……「Kの奥さん、Rのママとしての自分は存在しても、……本質的には私自身のために生きていないという事実がごまかしようもなく、はっきり見えてきました。……」

ここまで読みすすんだときだ。私たちの部屋の空気が一瞬、さざ波のようにゆれ、それがパッと花ひらいたのは。多賀さんが口火をきった。

「この本の山田さんたちがいっていること、これは私が『たんぽぽ』の保母をするようになって感じたこととまったくおなじです」

彼女は歌うように自分の心を表わした。部屋のなかに、うなずきともうめきともつかないなにかが広がった。やがて口ぐちに、「社会とつながりをもってみて、いちばんうれしかったのはまさにそのことです。自分が〝奥さん〟でも〝おばちゃん〟でもなく、姓で呼ばれる一人の人間にかえる喜びなのです」という。ことばたちは受粉しているみつばちの羽音のように聞こえた。

私は、共同保育所「たんぽぽ」創設のころの多賀さんをありありと思いだした。場所だけは決まったものの、設備といったものはなにもない。それぞれが家からいらなくなったもの――じゅうたんでもおもちゃでも、なんでもいい――を持ってくることになった。翌日、彼女は、籐でできた古風な乳母車に体重計やケープやベビー服などをいっぱいつんで現われた。わきに菜奈ちゃんとその弟が得意そうにはしゃぎながらついてきた。

そのときの彼女をありありと思い浮かべて、私はやっと納得がいったのだ。彼女のその行動が、たんなる人にたいするやさしさではなく、自分自身のあふれる思いそのままの表現でもあったのだと。

いっしょに読んでいた一人ひとりも、それぞれの「人間でなかった」生きようから、「一人の人間にかえる」生きようへの輝いた道すじをもっていて、それらが共鳴しあったのだ。この「かたる会」の場でとつぜんおこった事柄は、私を強烈にゆさぶった。

私はその場の持っている輝き、豊かさ自体に圧倒され、そして、子育てまっ最中といういちばんたいせつな時期の生き方が、私たちのあいだでこんなにもちがっているという事実におどろいた。さらに、それに関連して、彼女たちの自分で選んだ生き方――職をもたない母となる――が、どうして自分をふくらませることにならなかったのか、そのことはやはり重かった。そして、その私たちが、きょう、こうして爆発的に思いが通じたという深い喜びにみたされた。

私がいちばん感動したのは、もちろん最後のことである。人と人はいままでの道すじがちがっていても、否《いな》、ちがっていたからこそ感動的に出会うことができる、ということだ。私は自分の片割れに出会った、とわかったのである。

暮らしのなかに「脱線」はない

ここで私は奇妙なことを考える。「かたる会」を地域の男たちがつくったとしたら、どうなるだろうか? それより男たちだったら、目的もご利益《りやく》もはっきりしない「かたる会」など地域につくるだろうか?

かりにつくったとする。そして、いま、興味のあるいろんなことを話すとする。かりにそう考えたって、私たちの「かたる会」とはずいぶんちがったものになるにちがいない。まず、男たちは、新聞の社説のような話をしたがるのではないか? あるいは、自分の会社の景気の話、そして、趣味の話。

「うちの女房はこんなことをいう。それがどうしてもぼくの腑《ふ》に落ちない」といった話にはまずならないだろう。なぜなら、かりに奥さんが腑《ふ》に落ちない話をしたら――なかなか奥さんはそんな話をしないが――、男たちはすぐさまそれを黙らせることができる。「ぼくが忙しいのを、きみはわかっているだろう」といっても、「いま、音楽を聞いているんだ。黙っていてくれよ」といってもいいのだ。そのとき、男たちの目のまえから腑《ふ》に落ちないことをいう奥さんは消えてしまう。

「うちの子どもは、どうしてこう算数ができないんだろう」というなげきもおそらく話題にならない。なぜといって、男たちは、そのことにたいしては、奥さんがよきにはからってくれるはずだ、と思いこんでいるからだ。「このつけもの、どうやってつけたの?」という話にも、「そのセーター、あなたが編んだの?」という話にもなるはずはないのだ。

でも、暮らしている女たちだったら、つけもののつけ方にも、リフォームの仕方にも興味がある。夫との関係、子どもとの関係も、もう少しなんとかならないか、と思っている。いいかえれば、さまざまなものや人との密なかかわりのなかで揺らいでいる、といえる。なぜなら、それが生活というものだからである。

それに関連して思いだすのは、いつか夫が同僚を評していっていた、「あの男は、夫婦げんかがたりないんじゃないか?　いっていることが軽薄だ」ということばだ。なるほど、夫婦げんかは相互教育でもあるのか、と思ったものだ。とくに生活のこまごましたことにたいする実感は、女たちがよほどちゃんと伝えようとするか、現実に男たちが自分でこなすチャンスがないかぎり、男たちにはピンとこない。

生活のまんなかにいる女たちは、自分について語るとしたら、夫とのこと、子どものこと、大根の葉っぱや洗濯もののことも語ることになる。ある人が「私は大根の葉っぱをこんなふうにつけものにするの」といえば、それは彼女のていねいな生き方を断片的に表現したことにならないだろうか？　大根の葉はただの大根の葉ではないはずだ。そのことをとおして彼女は、彼女自身を語っているのではないだろうか。

この夏（一九八三年）、三年ぶりで枚方に帰ったとき、社会教育課に働くある友人が、「『○○についてかたる会』というのはあるかもしれないけど、ただの『かたる会』というのはほんとうにめずらしいんじゃないの？」といってくれた。そういえば、そうかもしれない。現代、話というのはいたるところ「○○について」の話だ。会というのは「○○問題を論ずる」会として行なわれている。子どもが学校でもらってくるプリントも「○○について」通達している。学校のなかではさらに徹底している。国語の時間には、国語の先生がきて国語の授業をする。英語だって、数学だってそうだ。これが学校の原則中の原則だ。

でも……、人というものは不思議なものだ。大人になっておぼえているのは、先生の脱線だけだったりするのだから。われわれが子どものとき、とくにへんな耳をもっていたわけではない。ただただ脱線のもっている魅力によるのだ。考えてみれば、脱線のなかにこそ、先生のもっている人格的な何かがこもっている、いわば生きるメッセージがこもっているのだから。

数学の先生が数学の授業をしようとしてさえ、脱線にこれだけの魅力があるのなら、まして、暮らしている場で、先生も呼ばずに生きるための勉強をしようとする女たちにとって、脱線がどんなにたいせつか、ことさらいうまでもない。それならいっそ、ぜんぶを脱線にあてた場をつくったら、それがもつ魅力がじゅうぶんに花ひらくのではないか？　「かたる会」が「〇〇についてかたる会」でないのはこんな魂胆によるのだ。

そもそも本線があるから脱線がある。しかし、暮らしのなかではその区別はない。いわば、どんなことも本線になる潜在的な可能性をもっている。「きみの話はすぐわき道にそれる。どれが幹なのか、どれが枝葉なのか、けじめをつけてくれよ」と、おそらく男たちは女たちに、有史以来、いってきたことだろう。にもかかわらず、そのようにはならなかった。これはなにを意味しているのだろう！

たとえば、てんぷらを揚げていたとする。そしたら、子どもが泣きながら帰ってきた。あるいは、電話が鳴った。そこにいる大人にとって、何をすることが本線であり、何をすることが脱線なのか？　さっきまでの本線だったてんぷらを揚げることは、たちまち脱線になり、大人は、一時、火を小さくして子どものほうへいく。あるいは、受話器をとりあげる。その瞬間には、それが本線なのではないだろうか？

だから、本線を設定せずに、ただしゃべる。ほんとうに話したいことを自分のことばでしゃべる。聞き手も内面的にそのことを受けとめて聞く。話はさざ波だった水面にうつる太陽のようにゆらめく。そんな会に「かたる会」はしたかったたし、じじつ、そうなったのだ。

共同購入している無農薬野菜の話も、大所高所の話ではない。

「洗うのに手間がかかるわね」

「でも、おいしい」

「どろを洗って流したら、流しがつまってしまわないかしら」

「私は、器のなかで大ざっぱに洗ったどろ水を花壇にまくの」

――なるほど。

「夫は食べたがらない」

「市場の野菜のように、商品価値がある野菜をつくらないなら、買う必要ないって」

「子どもが喜んで野菜をはかりではかる」

「こんなとき、子どももってよく手伝うわね。なぜかしら」

「そういえば、私たちも、家で一人で料理をしていると、それがすごくつまらないことに思えてくる。あせったり、手が動かなかったりする。でも、共同購入の野菜をわけたり、みんなでおみそをつくったりっていうのは楽しいわね」

こんなときの語り手の表情は輝いている。聞いている私は、たしかに彼女たちからエネルギーをもらっているのだ。

「まっとうな生き方」って何？

女の生きがいは子育てなのだろうか？　それとも職業なのだろうか？　〝子育てだ〟という人はいう。「子どもの無垢《むく》な笑顔、こんなにステキなものは世の中にまたとない。その笑顔にたっぷりひたって、その子をすくすくと育てる。こんなしあわせを、なぜ、お金のために放棄するのか」と。

私はいおうと思う。ほんとうに子どもの笑顔はステキ。私も賛美する。でも、それとおなじくらい大人の笑顔もステキよ。きのう会った人と、きょう意気投合したときもステキよ。

また彼女はいうかもしれない。コトコトと朝から煮込んだおでんを、家族が囲んでだんらんする。女として、こんな満足なことがある？

私はさらにいうだろう。ほんとうにそう。でも、それならなおさら、お料理というステキな仕事を男にも、そして、子どもたちにもさせてあげたい。そこからふくらむなにかを信じたい。

また、こうも考える。おでんは家族で食べてもステキだけど、何家族かで食べてもおいしいわよ。一家だんらんのなかでなごやかに食べてもおいしいけど、共同保育の場で、あすの作戦を練りながら、緊張感のなかで、よそのお父ちゃんのつくったのを食べるのも元気がでるわよ。

お料理の好きな人は、文集をつくって製本するのも好きかもしれない。一枚一枚、紙をそろえて、きちんとした一冊の本をつくるのは、お料理の味つけがピタッときまったときのような感じなんだから。

そして、私は望んでいる。ときには、家族などいるのを忘れたように、何日も読んだり、書いたり、ものを創ったりすることに夢中になってみたい、と。人はしあわせというイメージを、小さなことに限定しすぎているのではないかな、と思えるのだ。

一方、「女の生きがいは職業生活だ」という人はいう。「やはり、自分の食べるものくらい自分で稼ぐのがまっとうだと思うわ。自分が稼いではじめて、夫とも対等になるのよ。それに、仕事はきびしい。私たちは真剣よ、お金をもらうのだから。家にいる奥さんがなにかしても、趣味ていどに終わるんじゃない？　いつも一歩ひいているから」――このような考え方は、くりかえし、くりかえし自立した女の人たちからいわれている。

でも、この考え方には少し不思議なところがあるような気がする。たとえば、真剣ということを考えてみよう。職業につきたてのとき、「お金をもらうのだから真剣に」、そう思って努力するのはしぜんなことだ。でも、それから何年かたち、職場の仕事に慣れ、子どもを生んだり、育てたりするなかで、「真剣なのはお金をもらうときばかりなのか」と考えてみることがあるのではないだろうか？　昼、職場で仕事上の文章を書くときも、夜、うちで友人に手紙を書くときも、おなじように真剣なのではないだろうか？　職場でお客さんの気持ちを知ろうとするのも真剣なら、夫と夫婦げんかをするときだって、真剣ではないだろうか？

「まっとうな生き方」ということだっておなじである。自分が食べるぶんくらい稼ぐのがまっとうなら、まったくおなじように、自分が食べるものくらい料理するのもまっとうだ。また、畑を耕して作るのがまっとうではないだろうか。近所の人が悩んでいたら、聞き手にくらいなるのがまっとうな生き方だろう。子どもがわり切れない気持ちを抱いて帰ってきたら、それを受けとめるのがまっとうな大人だろう。

私たちは、多かれ少なかれ、「まっとうな生き方」からはずれているとはいえないだろうか。「まっとうな生き方」をお金にむすびつけては考えられない場面が、いくらでもある。そのことについて、職業についている女たちも考えてみないわけにはいかないのではないだろうか。

自分の「片割れ」と出会って育つ

私は、団地にはじめて住んだとき、不思議だった。一軒ずつに台所があって、夕方には、一人ずつの女が、くる日もくる日も夫と二人の子どものためだけのごちそうを作っているのだろうか、と。私はよく、夜、一人で本を読んでいて、思ったりした。もし、この本をとなりの人が読んだら、さらにとなりのとなりの人が読んだら、彼女はどういう感想をもつだろうか、と。

「かたる会」を通じて「社会教育」と出会ったとき、不思議でしかたがないことがあった。社会教育課がもっぱら主婦を対象にしていたからだ。主婦も勉強の場がほしい、それはわかる。でも、なぜ主婦だけが集まって勉強するのだろうと。

世の中にはさまざまな男や女が、さまざまな喜びや悩みをかかえて、きょうも暮らしている。あなたがにっこりしているとき、となりの人は絶望の一歩てまえかもしれない。どうして二人は出会わないのか？　こう考えてはいけないのか？　ほんとうはおたがいに呼び声を発しているはずなのだと。聞こえないほど小さな声なのかもしれないけれど。その一人ひとりの呼び声が聞こえるようになる道すじを組み立てられないだろうか？

はじめの場面に話をもどそう。人って、まわりの人の笑顔になんと深い影響を受ける生きものなのだろう。ときには、きのうまで未知だった人と、私は「片割れ」どうしだと思ったりした。そんな感じ方は、どうも男と女のあいだにだけ流れるのではないらしい。出会い、また、別れる何人もの人たちのあいだにも流れる。

私が、かつて仕事場で紙とエンピツで計算ばかりする生活をしていたころ、近くの女たちが卵をおいしいから共同購入しているのよといったとき、私にはそのことが一つの論文を読むのとおなじ驚きであり、喜びだった。私にはできなかったこと、そして、かくありたいと思わずにはいられないことを、彼女たちは、いま、している！　彼女たちに、私は自分の片割れを感じていた。

いま、どのようにせいいっぱい生きても、人はその意味で片割れがほしいのではないだろうか。したがって、自分のどのような生き方も、片割れとしての生き方にすぎない、といえないだろうか。

人は片割れに出会って深く影響される。そして、ゆっくり、深くて広いなにかが心のなかで発酵していく。その道すがら、また異質の片割れに出会う。いつも未完成で、いつも人からメッセージを受けとる。そのことこそが、人のもっている名誉であり、可能性そのものだといえないだろうか。

●II章

語れば、なにかがはじまる

――「かたる会」ってミニ宇宙みたいなもの

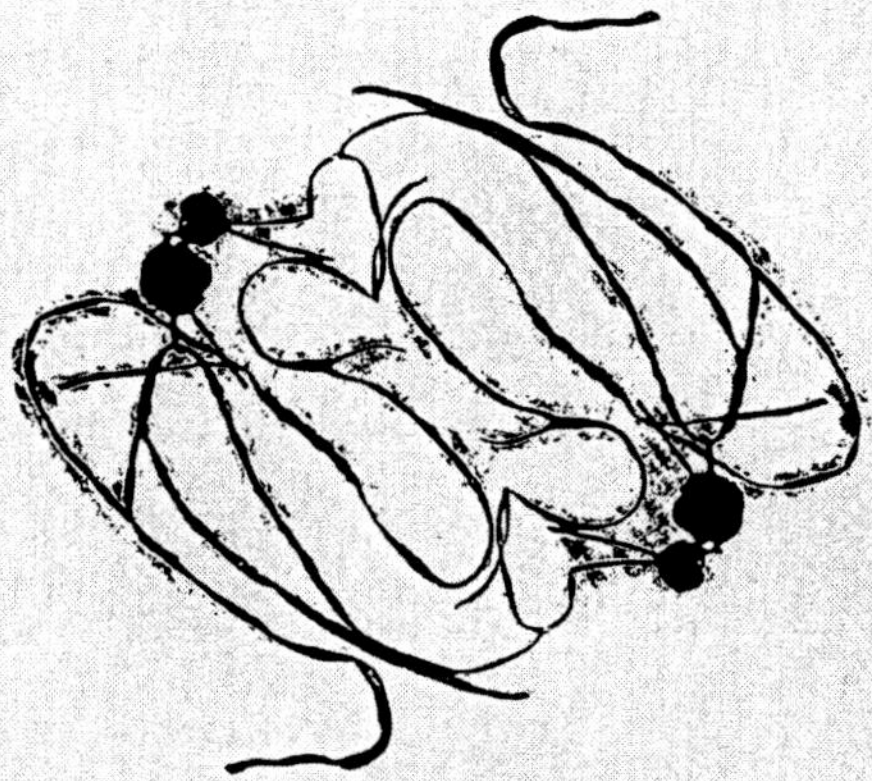

子づれで「かたる会」に里帰り

夫が不慮の事故で急死し、一九八〇年に、私たち一家は両方の両親が住む東京に引っ越した。東京には娘時代の友だちもいる。両親も親戚もいる。月刊誌『ひと』（太郎次郎社）に仲だちになってもらって、新しい出会いもあった。教員免許をとるために聴講した大学でも、職場でも……私は東京でももったいないほど人との関係にめぐまれている。でも、そうであればあるだけ、枚方の良さもくっきり見えてくる。一度、どうしても枚方に帰りたくなった。東京に移って三年めのことだ。

枚方の友人に電話をした。「この夏、そちらにいってもいいかしら?」「わあ、うれしい」の声が返ってきた。森口さんも誘おう。彼女も一年ほどまえに町田に引っ越してきていた。森口さんには枚方にいたときも、それに、東京に引っ越してからもすごくお世話になっている。岡崎で夫の密葬を営んだとき、枚方では、私たちはいないのに、森口さんの家に何組かのご夫婦が集まって通夜をしてくださった。

二、三日たって、こんどは森口さんから電話があった。

「枚方では私たちがいくというので、合宿して歓迎してくださるんだって」

出発の日——私と娘の伸子、史子の乗った列車は小田原のホームにすべるようにはいった。森口さんが、濃いローズ色のシャツにレモン色とグレーの細いしまのスカートといういでたちではいってきた。さとちゃんとあっこちゃんも、それぞれに荷物をもってニコニコ笑っている。子どもたちが四人でトランプを始めたので、大人二人もちょっと離れた席にすわっておしゃべりを始めた。

「『かたる会』で生命をもらったって気がする。『かたる会』で私のいいところも悪いところもひっくるめて、すっかり信頼してもらったって気がする。町田に引っ越してみると、それがよくわかる」と森口さんはいった。

子育てしながらの十余年、私たちは「かたる会」も育てた。そのことで逆に、私たちは大きく育てられた。現在、私たちは、いんろなところに引っ越して、それぞれ暮らしている。「かたる会」はそのそれぞれの暮らしのなかに息づいている。あるときはひそやかに、あるときはくっきりと。

語りあうって、ほんとうに不思議な体験だ。そのなかで、いまの自分も、あったかもしれない自分も見えてくる。そして、明日が感じられるようになる。これが生命をもらうってことかもしれない。

午後一時に京都についた。私たち一行は京阪電車に乗りかえた。窓から宇治川が見え、やがて淀川になる。そのころからやんわりとしたなつかしさに包まれた。子どもたちが通っていた小学校が崖の上に見え、団地の給水塔が見えると、もう枚方市駅だ。ここで伸子と史子は別れた。まえに住んでいた団地にいって友だちと遊ぶのをたのしみにして来たのだ。

「夕方には長尾の称念寺（合宿の場所）にいらっしゃいよ」

駅まえの雑踏で、まえのほうから「森口さん」という声がした。「森口さんっていろんなところにいるんだなあ」と思ったそのとき、おなじ声で「まあ、曽田さんも」というではないか。頭をボーイッシュにカットした太田蓉子さんだった。奈良の橿原に越して三年になる。わざわざ「かたる会」の合宿のためにでてきてくれたのだ。彼女は橿原で畑を耕し、自転車を走らせてアルバイトをし、子どもさんの学校で頭髪を自由にする運動もしている。三人の子どもがいる。

バスに乗ると、私は居眠りを始めた。後ろの座席から太田さんと森口さんの声が潮騒のように聞こえては消える。

「ねこが子どもを生んじゃって……、子ねこを捨てたのにもどってきて……」

「うちの畑にかぼちゃがはびこって……」

…………

お寺についたのは二時半ごろ。奥まった別棟にいった。まだ新しい大きな大きな広間が会場らしい。しーんとしている。ひんやりしている。まだだれも来ていないらしい。窓からは樹齢何百年かと思わせる大きな木が見える。根もとにはつわぶきが植えてあり、こけがはえている。そして、緑っぽい水をたたえた池が見えた。

「大人は寝よっと」――疲れがでてきた。

十分もしないうちに悪ガキたちの声。枚方勢がついたらしい。

「まだ寝たい」「寝たふりをしてましょうよ」と私たち。

悪ガキたちはすぐ広間についた。うれしくてしかたがないといったようすで跳ねまわりはじめた。

すこしたってうす目をあけたら、久保浦さんと目があった。彼女はふくよかな童顔。ソフトなアルトで「もう休まったでしょ」。手で「おいで」という仕草をしたかと思うと、くるっと後ろを向き、どんどん外へいった。手に重そうなお米の袋をもって。

「まきでごはんを炊く」ということ

私たちは久保浦さんのしぜんな動作になんとはない威厳のようなものを感じて、ずんずん彼女についていった。くどが戸外にあった。三つの大きなお釜がかけられるかまどがあった。その向かいにはモーターでくみあげる井戸があり、大きいバケツがいくつかふせてあった。炊事用らしい。

久保浦さんは無言でその一つを蛇口のところにおいて、水をジャーッとだしながら、「お米をといで。一升は電気釜で。三升はこのお釜でたくのよ」といった。井戸水の感触がひんやりといい気持ち。手ですくって飲んで、「ああ、おいしい」としみじみ思った。力を入れてよいしょ、よいしょとお米をといだ。

森口さんが町田から枚方に電話をしたとき、久保浦さんは、どうしてもまきでたいたご飯でばらずしを作る、といったのだそうだ。「まあ、ひさしぶり」なんていわないようにしましょうよ、ともいったそうだ。そう、私たちにはそんなことばは必要ない。そして、じじつ、そのとおりになった。「これが『かたる会』のやり方なのよ」と森口さんはいった。

二人はおしゃべりしながらあたりを見まわした。タマネギ、紫タマネギ、かつおぶしなどがつるしてあった。

とぎ終わったお米を二つの釜にしかける。

「このまま三十分くらいおいておくの」

広間にもどっておしゃべりしていると、久保浦さんがまた手で合図した。たきつけにいくのだ。はじめは松葉などを入れ、パーッと大きく炎をだした。それから細い枝などを入れる。見ると、太田さんはくど端にどっかりすわっていた。彼女はカーキ色のパンツにTシャツといった流行の最先端のかっこう。ただ手ぬぐいを首からかけているところだけがお百姓のスタイル。じつに慣れた手つきで作業に余念がない。「あれ〜?」——思わず声にだしてしまった私のとまどいに、彼女は気づいたらしい。

「私、たき火、大好きよ。いまも夕方、畑仕事が終わったら、ゆっくりたき火を楽しむの。鹿児島の実家の母は、このあいだまでかまどでご飯をたいていたの」

PTAの戦闘的な活動家として、私は太田さんを知った。そんな太田さんを、私はややまぶしく、そして、けむたく思っていた。すこしたって森口さんの家などで話しこむようになると、彼女に豪壮な波頭がくだけるようなさびしさを感じることがあった。そして、いま、くどでたきつける太田さん。そのすべてが太田さんなのだ。

久保浦さんのアルトが的確に指示してくれる。

「あるていどの炎がでたら、それ以上、大きくしない。こげるから。全体的に温度が上がるのをゆっくり待つ。それからよ、太いたきぎを入れるのは」

雨がまた勢いをつけてきた。さっきだれかが子どもたちをつれて散歩にいってくれたけど、ぬれているだろう。それにしても、たきぎでお米をたくとき、むちゃくちゃに強い火にしたらだめなんやな。いつもお米の身にならなきゃ、あかんのやな。私は口にだしていった。

「電気釜だったら、たいてる最中、お米がどんな状態なのかぜんぜん気にしてないなあ」

「教育もおなじだなあ」

「教えたんだからわかるはずというのは、〃スイッチ入れたんだから、たけたはず〃というのとおなじや」

「便利になるってことは、相手の身になることを忘れてしまうのとおなじことやわ」

なあるほど、久保浦さんが「どうしてもまきでご飯をたく」といったのは、こういうことなのだ。そして、これは「かたる会」の「かたり方」でもあるようだ。もっというと、「つきあい方」でもあるようだ。

まきをくべると、ほのおは激しくなった。そして、湯気がでてきた。

「けむりじゃ、ないよね」

けむりだったら、こげはじめているのだ。要注意。

「湯気よ。だいじょうぶ」

「もういいよ。まきを引く」

久保浦さんのアルトの声にしたがって、太田さんが、おりから大降りになった雨のなかへじゅんじゅんと三、四本のまきを投げた。かまどのふたをキッチリとした。

さあ、あけてみよう。緊張の一瞬。

「いち、にのさん!」

「わあ、すごくよくたけてる」

大きなしゃもじで上下にまぜた。

「最高のでき!」

「おこげがうっすらと、米粒ひとつ分の厚さでできてる」

手早くふたをしてむらした。超特大の半切り(すし桶)一つ、特大の半切り二つ、つごう三つの半切りで酢飯をつくった。自然の風と、うちわの風の両方でほどなく味はなじんだ。

「人」に語りかけ、「もの」に語りかける

広間や台所はすごくにぎやか。安田清子さんがいた。永井敬子さんがいた。口では「こんにちは」という程度で、おたがいにゆっくり相手の目を見た。「出会えてよかった」とどの目もいっていた。栄永頼子さん、大森絵美子さんがきた。和多則明さんに「いちばん大きな半切りもってきて」とたのんだ。

台所にはちらしの具がたくさん待っていた。あるおなべには、ゴボウをささがきにして煮た

のが、それこそいっぱいあった。つぎのおなべには、いちょうの形のニンジンが、またいっぱいあった。こんなにたくさんの錦糸卵、こんなにたくさんのシイタケの煮ふくめたもの、ほんとうにはじめて見た。私たちがくるというので、長時間コトコトと煮てくださったのだ。感激でいっぱいになった。つぎからつぎへと入れてまぜた。

広間には二つの大きなテーブルができあがっていた。それぞれのテーブルのまんなかにはトマト・キュウリ・枝豆・かまぼこ、それにグラスがきれいにならんでいた。それぞれのテーブルに、それぞれ大人と子どもが二十人ぐらいずつテーブルを囲んですわった。

一口たべてみた。「ああ、おいしい」——声にならないほどの声があちらからも、こちらからも聞こえた。ふっくらしたご飯、酢のあんばい、それに七色のおいしい具。

「かたる会」のおしゃべりは、人が人の生命に語りかけて持ち味をひきだし、それがハーモニーをかなでる。なんとお料理に似ていることだろう。私たちは、いまのいままで、お米がご飯になるようすをありありと感じながら、刻々と火かげんしていた。これはお米にたいする「語りかけ」でなくて、なんであろう。また、友だちはまえの日から、ニンジンやゴボウに語りかけて煮ふくめてくれた。もうそのときから今日の「かたる会」は始まっていたのだ。お米たちやお野菜たちと。

ふだん「かたる会」では、出席者はもちろん、そこにいる人に語りかける。でも、めぐりめぐって夫や子どもにも、未知のだれかにも語りかけているといえる。また、「もの」にも語りかけて、たとえば、いらないものを持ちよってバザーをひらく。大豆に語りかけて、みそをつくる。畑に語りかけて、青ジソをつくる。私たちのなかに、牛乳はどうありたいか、トマトはどうありたいかを感じる心が育つ。

「かたる会」は、トータルな語りかけのネットワークなのだ。もしかしたら、これこそミニ宇宙なのかもしれない……。

おしゃべりのためだけに集まる

「かたる会」って不思議だ。一人のひとがなにかを熱心に願えば、それがどんなに小さなことでも、逆に、どんなに大きなことでも、だれかに共感してもらえる。そして、なにかが始まる。そんな「かたる会」をつくる直接のきっかけはこんなふうだった。

一九七三年初冬のある日、私は買いもの姿の多賀さんの後ろ姿を見かけた。ほんとうだったんだ。一家でアメリカにいっていた彼女が帰ってきたというのは。

「お帰りなさい！」

ふりかえった彼女の日ざしを浴びた笑顔が印象的だった。スポーティな格好がよく似合う。

「『たんぽぽ』で働くんでしょ？　また」

「いま、あきがないらしいの」

「たんぽぽ」は私たちが作った共同保育所である。だから、私たちはおなじ釜のめしを食った仲であり、それに加えておなじ志をもつ仲なのだった。彼女は難産のすえにできた「たんぽぽ」の保母になり、わたしは下の二人の子どもを「たんぽぽ」にあずけて、やっと働きつづけることができたのであった。その彼女が、いま、アメリカから帰って、「たんぽぽ」にもどりたくても、当面、あきがないという。私はそれをきいたとたん、あることがひらめいた。

「じゃあ、いま、暇なのね。私たちで読書会をやらない？」

「やりましょう」

彼女は大乗り気。

「『たんぽぽ』の人たちにも、新しい人たちにも呼びかけましょうよ」

「たんぽぽ」にかかわっている丹羽さん、石浜さんたちも「やりたいわ」と、まるで待っていたかのように答えて、私たちの杞憂《きゆう》を吹きとばした。あんなに忙しい彼女たちが……。

会のイメージをふくらませようと、私たちは子どもが寝てからの夜の時間に会ったり、電話をかけたりしてイメージを煮つめていった。

はじめての会を土曜日の午後、集会所で開いた。集まった私たちはニコニコして、めずらしいものを見るようにおたがいを見つめあった。会うのがめずらしいのではない。だって「たんぽぽ」で毎日のように会っているから。めずらしいのは、会っているのに、いつもの山のような実務にとりかこまれていないということだ。

私たちは、きょうは話すためにだけ集まったのだ。ほんとうだろうか。それが夢のように思えるほど幼い子を抱えて働き、そのうえ、「たんぽぽ」を運営する女たちの日々は忙しかった。忙しいからこそ、こんな出会いを渇望していたのだ、無意識に。そのとき、あらためてそれを得心した。

おしゃべりが始まった。テーマは「『たんぽぽ』と私」。「自分は、なぜ『たんぽぽ』に加わったのか」「加わって、自分はどう変わり、子どもはどう変わったのか」をめぐって思うぞんぶんしゃべろうというのだ。

ひでちゃんのお母さんである松田さんが口火を切った。「私はバレーをどうしてもつづけたいの。それに子どもが心ならずも一人っ子なので、悩んでいました。『たんぽぽ』ができて、子どもをおおぜいの友だちといっしょに育てたいという望みがかないました」と。「たんぽぽ」の保母さんをしている村田さんも一人っ子のお母さんだ。たみちゃんを「たんぽぽ」につれてきて働いている。

「家に一対一でいると、どうしても、この子にとって母親ってなんでもしてくれる便利な存在になっちゃうのよね。私は、この子に教えたかったの。お母さんはあなた一人のために存在しているんじゃない。みんなにとってもたいせつな人なのよって」

「それで、いま、どう?」

「ほんとうに『たんぽぽ』で働いてよかった。『たんぽぽ』では、逆に私のほうが子どもに教えられるくらい。みんなたくましくって……。いままで子どもってたよりない存在だって、私のほうが思いこんでいたのかな」

やはり保母をしていた多賀さんは、「ずっと子どもにつきっきりの毎日だったので、一人の大人として満たされないものを感じてきました。階段でのおしゃべりはうわさ話やぐちが多いし……。だから、『たんぽぽ』をつくろうというビラをみてとびついたの」といった。

「たんぽぽ」って、女が働くために絶対に必要であるだけではない。それにかかわる女ひとりひとりにとっても、こんなにたいせつな存在だったのだ、とあらためて気づかされた。しかも、そのことが「たんぽぽ」とつかず離れずの、まさにこのおしゃべりの場で浮きぼりになった。このことのおもしろさ。

子どものいない石浜さんはこういった。自分に子どもがいないからこそ、子どもたちに自分の一定の時間をさいてかかわりつづけたい、と。う〜ん、とうなりたくなる発言。彼女は「たんぽぽ」の保母をし、運営委員長もしている。

丹羽さんは「たんぽぽ」の父母でもないし、保母でもない。中学校の教師をしながら「たんぽぽ」の運動に精力的にかかわった。彼女はいった。

「私にとっても『たんぽぽ』はなくてはならないものなの。わかる?」

「私は教師の仕事がおもしろくてしかたがない。一生やりたい。『たんぽぽ』があれば、つぎの子どもが生まれても安心じゃない?」

ああ、そうか。私は自分がはじめての子どもを生むころの不安をありありと思いうかべた。

私は子どもを二人、「たんぽぽ」にあずかってもらっていた。「たんぽぽ」がなければ、私は仕事をやめなければならない。けれども、仕事は私らしさを作っていくうえで、どうしてもなくてはならないもの。やめたくない! というせっぱつまった気持ちで「たんぽぽ」の仲間に加わった。でも、私が「たんぽぽ」で得たものは、そのことを大きく越え、包むなにかだ。それは生きることとの根源的なうれしさ、輝かしさといったものだった。

暮らしがあるからこそ深く学べる

会合から帰ってからも、なにか不思議でならなかった。偶然の小さなきっかけからできたこの小さな場が、もうすでに私たちにとってなくてはならない場になっていた。

それからどんなテーマで話しただろうか。あまりおぼえていない。伊藤野枝のことも話した。小学校の教師をしていた友だちから、子どもたちにかかわる思いを話してもらったこともある。雰囲気はよくおぼえている。意外な多様性。それにもかかわらず響きあうなにか。一人ひとりにとって、つぎの会がたのしみなものになるようにありったけの工夫をした。

「この会にちゃんとした名まえがほしい」「いつまでも読書会じゃ、人をさそうとき、困っちゃう」ということになったのは二、三回やってからだろうか。丹羽さんが「かたる会」にしましょうよ、といった。読書会といったって、私たちのはきっかけとしてはじめに本の感想をいいあうにすぎない。本命はおしゃべりなんだから。生活のこと、思っていることを聞いてほしいし、また聞きたいっていう強い思いが私たちのなかにあるじゃない？　まさにぴったりの名まえだ。「かたる会」は名実ともに、ここに誕生した。ほどなく「かたる会」は婦人学級の一つになった。

ある日、近くに専業主婦業のかたわら、十年も高群逸枝の女性史を研究している、片岡陽子さんという人がいらっしゃる、と多賀さんが教えてくれた。驚きだった。十年もたんねんに一人で本と向きあって研究している人って、どんな人だろう。それも高群逸枝の女性史というところに心ひかれた。私も高群の深い思索と、女性にそそぐやさしいまなざし、それにたんねんな研究の一端にふれていて、とても励まされていたのだ。

ちょうどそのとき、片岡さんは「女性史婦人学級」をつくったところだった。私はさっそく「女性史婦人学級」にはいり、片岡さんは「かたる会」にはいった。

「女性史婦人学級」のはじめての集まりもまた、私にとって目からうろこが落ちるような印象ぶかいものだった。自分から新しい分野を学ぶって、こんなに心たのしいものなのか。結婚をして、三児があり、「専門」と呼べるものもある年齢になっても、なおそうなのか。考えてみたら、女性のありようを深く学べるのは、若いときではなく、子どもを生み、家庭の中心になって暮らしをつむぐ年齢になってからなのかもしれない。片岡さんの学識と生活感の呼応した内的世界にふれて、そう思わされた。

なぜ夫たちは心を共有しないのか

片岡さんが、ある日の「かたる会」に二十歳代にみえる若い人といっしょにきた。「佐々木圭子さんです」と片岡さんは紹介してくれた。そして、その二人は問われるまでもなく、こもごも話しはじめた。

佐々木さんは、結婚してすぐ枚方に引っ越して二年、夫以外に知る人もなく、じいっと壁をながめて夫を待つ生活をしていた。子どもがほしいほしいと思っていたが、めぐまれなかった。そのような生活がどうしてもたえられない、と夫にいっても、「ぼくが忙しいの、わかるだろう」といわれる。じじつ、彼は夜まで仕事仕事で、十二時ごろ、疲れて家に帰り、バタン、キューの生活。

そこで、彼女は自分の思いをノートに書いた。こうやっておけば、彼は、いつかは時間をつくって読んでくれるにちがいない。でも、彼はあいかわらず全エネルギーを会社にささげたかのような生活。彼女はできるだけもちこたえたが、これ以上はどうしても耐えられない。

そこで、女たちがつくっている雑誌の編集をしている三木草子さんを訪れた。あいにく留守だった。帰るまでずうっと外で待った。夜になってやっと会えた。彼女は三木さんに自分の物語をした。三木さんは静かにきいてくれて、片岡さんを紹介してくれた、という。

佐々木さんが初対面の私たちをいきなり信頼して長い長い物語をしてくれたこと、とても胸にこたえた。メンバーのだれ一人、そこで話されたことが自分に無関係だとは思えなかった。深い共感のなかで、私たちは佐々木さんの物語を聞いた。一時間たち、二時間たち、それでも彼女は語りつづけた。

その日の「かたる会」は何を話す予定だったのだろうか？　そんなことは忘れてしまって、ただ私たちは佐々木さんの物語を聞きつづけた。

私たちの夫婦はどうなのだろう？　とだれもがふりかえる。私は結婚してからも好きなことをしている、と思われている。子どもが三人生まれてからでも職業をもっていた。そのために仲間と共同保育所をいくつもつくりだした。「ご主人がいいからよ」と人はいう。そうかもしれない。ほんとうにそうだろう、とは思う。自分の思いを展開しながら生きていきたい、という私の願いを彼がわかってくれている、という点では。

でも、私も彼もひとりの人間として地表にすっくり立ったとき、やはり私のほうが彼より悲しい思いをすることが多い、というのもほんとうだ。そのことについて、私は自分の思いをどれだけ語り、書いただろう。それがどうも伝わらない、という思いをとくにそのころ強くしていた。

佐々木さんは、いろんな会に片岡さんといっしょに出席するようになった。「女性史婦人学級」でも会ったし、「かたる会」でも会った。会が終わってから、よく私もまじえて三人で話しこんだ。彼女はいった。

「夕方になっても、手が動かなくて、どしても夕食がつくれなかった。一皿をやっとの思いでつくることもあったし、一皿もつくれなかったこともあった」

「ノートにずうっと自分の思いを書いていった。夫は、たとえどんなに忙しかったにせよ、いっしょに暮らしている私がどう思って毎日を暮らしているのか、知りたいとは思わないのだろうか」

なぜ、このような生活になってしまったのだろう。彼女のおだやかで考え深いものごしからも、一言一言つむぎだされることばからも、私にはどうしてもことしだいがわからなかった。彼女は、結婚まえはどんな生活をしていたのだろう？　彼女は話したそうだった。「彫金をしていたの。ジーパンをはいて、髪をショートにして、自由な若者っていう感じで暮らしていたの」――ますます意外だ。「彼とはどういう出会いだったの。彼はあなたのどういうところが気にいり、あなたは彼のどういうところが気にいったの？」と聞かずにはいられない。

「彼は、私がそれまでに会ったどんな女ともちがっていたから興味をもったの」

「行動的で、自分をもっていた、ということでしょ？」

「そう」

「そんなら、彼は、どうしてあなたのあなたらしさをたいせつにしようとしないのかしら」

じつは、そのとき、私も本質的にはおなじことで悩んでいた。彼は、自分の仕事の流れのなかでいちばん心のはやる、なにかができそうな時期にさしかかっていた。加えて、大学での位置がむずかしくて、どうしてもせいいっぱい実験にせいをださなければならない、という。それで、分担していた家事もさぼりがち。起きているすべての時間を科学に投入したい、という。そうでなくても、科学には魔力がある。人をひきつけずにはおかない。それはわかる。それでも、と私は思った。かたわらの私にとっては、いまが人生のどんな時期なのか、そのことに関心をかたむけてほしい、それが愛というものではないか、と。そのことで何度いいあったことだろう。長い長い手紙もかいた。でも、いっこうに読もうとしないのだった。

そのような私の思いもこめて、私は佐々木さんの答えを待った。彼女は、「彼は、そのようなかわった女がなにもかもすてて自分のところへきてくれた、それは自分の魅力のせいだ、と思ってるらしいの」といった。

「じゃあ、あなたは、そんな彼の思いにのみこまれちゃったわけ？」

「もちろん、そうじゃないわよ。ずうっと彫金をやりつづけるつもりだったけど、彼が大阪に就職したので、ついてきたの」

「二人がいっしょに暮らすにあたって、結婚というかたちはとるまいと、二人でじゅうぶん話しあったの。そして、籍はいれないことを了解しあっていたの。彼のうちはお金持ちだったから、二人のこと、勘当同然だった。でも、あるとき、二人のことを許すということになって、バタバタッと結婚式をすることになったの。式のまえにはお母さんのところにいき、行儀見習いなどをして、すっかりお嫁さんになっちゃったの」

ええ？　あまりにあっけなさすぎるではないか。男と女のあいだの本質的なところを、そんなふうに壊してしまったというのは、いったいどういうことだろう。このような重いことについてたんたんと語る彼女のもつ存在感に感じいりながらも、私は考えずにはいられない。なぜ、二人の〝いま〟になってしまったのだろう。一つは結婚という儀式にのまれてしまったこと、もう一つは夫の就職と妻の退職。そして、引っ越しして仲間から離れたこと。でも、やはり式が大きいと思う。へえっ、式の威力ってそんなにすごいのだろうか。

私の場合はどうなのだろう。籍はいれたが、式はしなかった。親戚と中華料理をたべた。ふつうの洋服をきていたから、私もジャンジャンたべた。二人とも就職していなかったから、アルバイトで必死にかせいだ。それぞれのもってる場はたいせつにした。でも、このようなことは、二人の話しあいのなかからねりあげられたものだ。

「佐々木さんたちは結婚まえ、何を話しあったの?」

「まわりの反対をおしきって、どうやっていっしょになろうかと、そればかり話しあっていたの」

「でも、いっしょになるということの実際の内容がどうあったらいいのか、それがいちばんたいせつなんじゃないの?」

「曽田さんはそう思うでしょうけれど、そうとばかりはいえないと思うわ」と片岡さんがそれをひきとっていった。

片岡さんはおだやかにいう。

「曽田さんは自信があったのよ。私は若いころ、コンプレックスのかたまりだった。親は、女はこうあるべきだとガンと思っているし、お見合いをすすめる。そのようなすべてから逃れたくて結婚したのよ」

重たい事実が私の胸のなかに投げこまれた。遠からず「かたる会」のなかで、この重たさをかいくぐった生命力がふきだそうとは、そのときは思いもしなかった。そのとき、私にできることは聞くことだけだった。

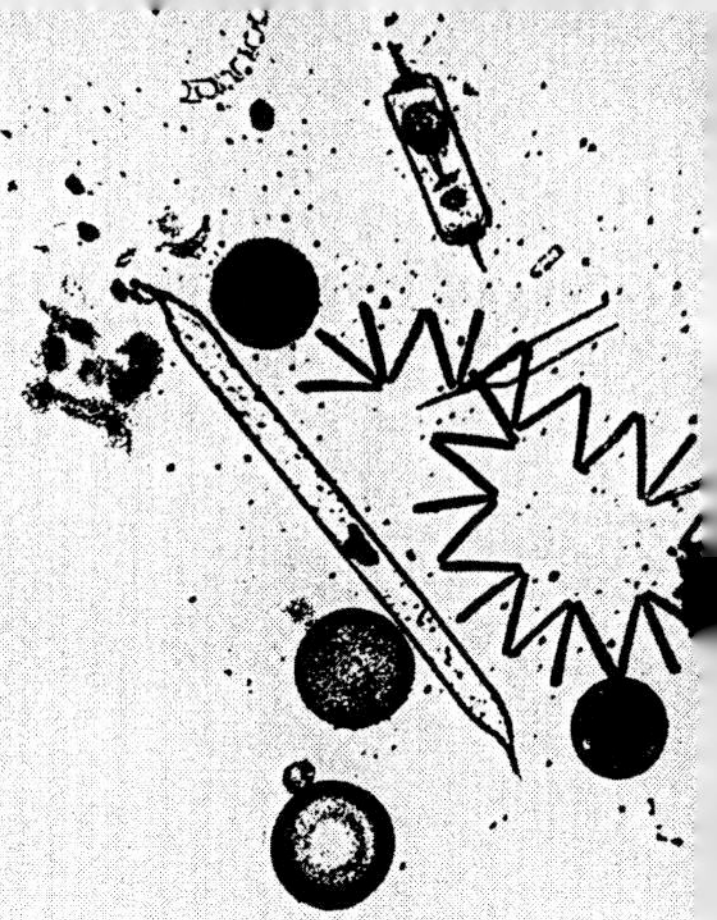

●III章

熱い問いと答えとのあいだで人は育つ

——子育てとは、暮らしとは、学ぶとは

おしゃべりは、もう止まらない

私たちのおしゃべりは、もう止まらない。胸にしまって、かたくカギを掛けてあった若いころからの思いは堰を切って流れた。それは、友だちの思いと、あるときは合流し、あるときはせめぎあって流れ、「生きてる川」となって、音を立てて流れた。

「かたる会」のときはもちろん、道であっても話し、そのつづきは友だちの家で、あるときは十人で、あるときは三人で話した。「女性史婦人学級」でも話した。

何人もの職業を持たない友の話を聞いていくと、生命のみずみずしさは結婚してとだえそうになり、いま話すことで、そのリズムをふたたび取りもどしてきた、という。結婚とはなんだろう。

職業を持つ女たちにとっては、結婚とは少なくとも重大な脅威ではなかった。でも、彼女たちにとっても提起された問題の意味は重かった。とにかく聞いた。そして、思いは質問のかたちで口をついてでる。

「ええ？　夫婦の間で話もしなかった時期がそんなに長かったの？」

そんなとき、もし私が彼女だったら、どう感じただろう。心を凍らせて生きた佐々木さんの若い時代の話を聞きながら、私はそれを追体験していた。いっぽう、彼女は、語ることで、そこから少し解放されて生きはじめていた。語ることで心のなかになにかが始まっていた。はじめはゆっくりと、でも、それが一人ひとりの生命のリズムにとどくたびに、そのなにかは激しさを増した。しかも、そのなにかは、一人ひとりの心のなかから飛びだして、この世に形をなした。気づいてみたら、私たちは「合宿」をして、この話をもっとつづけようと、あらゆる努力を傾けているのだった。

もともと合宿ということばには、みんなで泊まり込んで、集中してやりましょうよ、という気持ちがこめられている。ふだん私たちは、どんなになにかに熱中していても、夕方になったらご飯をつくらなければならない。食べればあと片づけをしなければならないし、子どもをお風呂にいれなければならない。でも、時にはそういうことといっさいを忘れて、生きるという本質的な問題に取り組みたい。それを可能にするにはどうしたらいいかが、私たちの「合宿」のイメージのもとになった。合宿をやろうよ、友だちに会うごとにいったら、みんな顔が輝いた。

女たちで子づれ合宿をやろうよ

私たちはさっそく日程をきめて、とあるすずしいところの民宿に申し込んだだろうか。それができたら、どんなにいいだろう。しかし、実際には難問がつぎつぎとある。

まず夫たちだ。「ええ？　妻が自分の好きなことのために合宿する？」——ケンカになるカップルもあるだろう。ケンカになっても、夫に自分の思いをつげよう、と友はいう。そして、子どもたち。そのころ、私たちの子どもたちは小さかった。おむつの取れてない子も、おもらしをするかもしれない子もいる。かつて片岡さんは、「母親って、子どもに虫ピンでとめられているようだ」といっただれかのことばを共感をこめて紹介したことがある。

でも、ここが不思議なところだ、私たちの。話しているうちに、こういういろんなことも乗りこえられそうな気がしてきた。顔は輝き、胸はふくらんできた。

「私たちみんなが参加できる合宿をやりましょう」

「乳児をかかえている人も、〝障害〟児をかかえている人も、みんな集まってやりましょう」

（これは稀有《けう》な合宿だ。）

「子どもたちにもキラキラとたのしい二日を過ごさせてやりましょう」

「ふだんできないことを思いっきりやって！」

私たちが時を忘れて勉強している部屋からすこし離れたところに子どもたちの部屋がある。子どもたちはその部屋からでて遊んだり、冒険をしたり、また部屋にはいっていってねんどあそびをしたり、実験したり、やはり時を忘れてすごす。小さい子どもはお昼寝もできる。タオルケットのなかで、お話を聞きながら。

と、まあ、こんなふうにイメージはふくらんでいく。ステキだ。こんなステキなプログラム。でも、それはまだ私たちの胸のなかだけのもの。これを形あるものとして現実に生みだそう。そのために必要なことがずいぶんある。その一つ一つについて研究しよう。いくつかのグループに別れて話しこむことにする。だれかの家で、集会所で、またスーパーのまえで偶然会って、いろんなことが話しこまれていった。

まず子どもたちがどうすごすのかをたいせつに考えていきたい、と私たちは思った。学齢まえの子どもたちを見ていると、三つの特徴あるグループに分けられそうだ。四、五、六歳の子どもたちのキーワードは活気と創造だ。中学生と大学生のまざったチームに保育をたのもう。その内容は私たちも加わってこまかく考えていこう。二、三歳の子どもにはおだやかな雰囲気がいる。遊び、お話、おやつ、昼寝。おちついた楽しい部屋。保育者には、保育を専攻する女子大生をたのもう。ゼロ歳と一歳の乳児はどうする？　気持ちよく眠れる、静かな風とおしのいい部屋がいる。哺乳びんの消毒、それにおまる。

こう考えていってわかった。ゼロ歳と一歳の子どもが五、六時間以上すごせる部屋は、ふつうの公共の建物にはない。保育所だけだ。それなら保育所に乳児の保育をたのんだらどうか。保育所は働く女のためにある、とふつう思われている。でも、女が心の奥からやりたいと思い、社会もまた女たちに期待している活動は職業活動にかぎられない。保育所はそういった女の広い活動を保障してほしい。この考え方を行政にぶつけよう。

合宿の場所は？　夏だからすずしいところにいきたい。が、幼い子どもの人数のほうが大人の人数より多いことを考えれば、なるべく近くなければできない。集会所・お寺・福祉センター・小学校……かたっぱしからたのんでみよう。

おぼろげながら感じられていた合宿のむずかしさが、こうして輪郭を現わしてくる。それは私たちの気分を引きしめこそすれ、目の輝きを消しはしなかった。

読んでくださっているあなたは、不思議に思われないだろうか。幼い子どもをつれたふつうの女のイメージとはずいぶんちがう、と。そうなのだ。それまでの私たちだったら、これほどの困難にチャレンジしただろうか。たぶん、しなかっただろう。私たちの心のなかでなにかが変わったのだ。生きるうえで決定的ななにかが。それが勇気をつむぎだしていく源なのだ。それこそが語りあった結果なのだった。それぞれが自分の来しかたについて、とりわけいままでの自分をかくもせまくしている夫との関係についても語ったからだ。

「私はあなたとちがう。だから、結婚前後にコンプレックスのかたまりになり、孤立していくしかなかった」と、友がこう語る気持ちのなかに、「はたしてそう言いきれるのか。私にべつの可能性がなかったと、どうして言えるだろう」という思いが隠されている。もしそうでないなら、どうして友は話しはじめたのだろうか?

ここに語ることの秘密がある。友は語るとき、すでに無意識に信じていたのだ。この隠された問いを、みんなはきっと受けとめてくれるだろう、と。この意味で、語ることは自分へのやさしさであり、同時に他者へのやさしさだと思う。それは勇気を生む。もっとも、そのとき、私たちがこういう深い意味に気づいていたわけではない。私たちは心の底から「合宿をやろう!」という気持ちが湧いてくるのを感じていただけだ。

「私」たちから「私たち」へ

場所さがしから私たちの行動は始まった。

集会所にいったら、管理人さんにあっさりことわられた。子づれの女たちに長時間、貸すことはできない、と。なんともいえないくやしい気持ちに満たされそうになったそのとき、ひらめいたことを私たちは口にした。

「『たんぽぽ』がバザーに使っているでしょ? 早朝から夕方まで」

「たんぽぽ」は保母さんのボーナスを払うために年に二回、ここでバザーをやる。

「『たんぽぽ』の人が使うのなら、私たちだって使っていいはずよ」と私たちはいった。しかし、管理人さんは言下にいいきった。

「『たんぽぽ』は、働かなければならないかわいそうなお母さんたちやないか」

「へえっ!」——働くお母さんはかわいそうなのだろうか。じゃ、丹羽さんと私は「たんぽぽ」の会のとき、かわいそうで、「かたる会」の例会のときはかわいそうじゃないんだ。コレハオカシイ。それに集会所って、かわいそうな人に貸すところなのか。トテモオカシイ。でも、私たちはおとしより一人を相手にケンカをするより、ほかをさがすことにした。しかし、福祉センターにも、お寺にもおなじ理由でことわられた。

「どうしようか」

「泊まるのが無理だったら、九時から五時までというのを二日つづけてやったら?」と私がいったら、だれかが強い語調でいった。

「いや。だって、それじゃ、夫が困らないでしょ?」

「私たちは、もういままで夫が困らない範囲のことならさんざんやってきた」

私は、こんなラジカルなことを笑っていう友だちに驚く。そして、発見する。「夫が困らない範囲」と「集会所や福祉センターが困らない範囲」が奇妙に一致していることを。

万策つきた私たちは社会教育課の渡辺さんのところにいって、こととしだいを話した。彼は「そのアイディアはたいへんおもしろい。ただし、アイディアだけなら。実行に移そうとするのは、たいへんだよ。まず自治会を動かしてからにしたら？」という。

「私たちはどうしてもすぐやりたいんです」

「この夏にやりたいんです。あと一か月か二か月後に」

「自治会は短期間にはとても賛成してくれそうもありません」

「だから、場所を交渉するために協力してください」

渡辺さんは、「主体的に勉強したいのなら、場所も自分たちで捜さなければ。場所だけは捜してくれというのは、社会教育課にたいするもたれかかりとちがうか？」といった。

いつか夕方になっていた。渡辺さんとつぎの日の午後にもう一度会う約束をして、帰ることにした。帰る道みち私たちは、「ほんとうにもたれかかりなの？」「もたれかかりって、なに？」と期せずしていった。心配なのだ。

「明日、集会所に集まりましょう。それまでに〝社会教育法〟を勉強しておく」といったのは清水通代さんだった。私は「社会教育法」なるものの存在さえ知らなかった。

つぎの日、集会所に集まってどうしたらいいか考えた。「すぐ近くの学校に交渉しよう」「社会教育課にそれを応援してもらう」「そのことを社会教育課に交渉にいかなくちゃ」「それと、乳児を公立保育所にあずかってもらえるように」ということになった。

渡辺さんのところにいった。私たちのいうことを彼はだまって聞いてくれたが、「ことし、合宿をやりたいということ、よくわかった。場所は近くの小学校を借りたいという気持ちもわかった。社会教育課としても力ぞえしたい。でも、社会教育課には学校を使う権限はない。せいぜい校長さんに声をかけてみることくらいしかできないが……」といった。

「お願いします」

「でも、保育のことは、ぼくは考え方がまったくちがう。もし『かたる会』の目的が、現代の砂つぶのようなバラバラな人びとの暮らしをつなぐことにあるなら、子どもをあずけたり、あずかったりできるようなつきあいの場を暮らしの場に復活するように努力すべきだと思う。それをしないで行政にゆだねて、親が勉強しようというのは本末転倒ではないのか」

私たち地域の女たちはおたがいに出会ったばかりだった。そして、そのとたん、おたがいのいままでの道すじやセンスのちがいに仰天したのだった。私たちは、いわば「私たち」というまとまった存在ではなく、「私」たちという離れた存在であることがはっきりしてしまっていた。でも、どこか共通のところはないのか。それを核に「私」たちは「私たち」になりたい。それをのみ熱っぽく求めていた。とても世の中を分析したり、世なおしを考えたりする冷静さはもっていなかった。

「私たちは大所高所の議論にそって世の中のために行動しようというのではないんです。私たち自身のために、どうしてもこの夏、たっぷりと話しこみたいんです」

片岡さんがいった。

「保育所に私たちの活動を保障してほしいと、私たちが要求するのは、家庭にいる私と働いている丹羽さん、曽田さんとの出会いがあったからこそなのです。保育所は私たちの出会いを深める第一歩のために、この秋、門をあけてほしい」

渡辺さんは答えた。

「この秋、保育所に子どもをあずかってほしいといったって、社会教育課と保育課は管轄がぜんぜんちがう。そのうえ、いま、保育所には働く母親の子どもがおおぜい待機している。現実には、この秋っていわれても、とてもむりだ」

私たちは行政も柔軟になってほしい、と思っている。私たちの子どももぐるみの生活やつきあいのなかにはいってきてほしいと願っている。保育所ってステキだし、保母さんにはステキな人が多い。保育所で子どもは友だちに出会い、心身ともにのびのびと成長している。この保育所が働く女だけの子どもの占有物であっていいものか。

「保育所はどうあったらいいのか。ぼくは、理想的には市民が地域で主体的に、と考えている。秋に保育をめぐっての講座を開こう。いろんな角度から保育にかかわっている人を呼んで話しあおう」と渡辺さんは提案した。「秋に講座を開くことは賛成です。でも、私たちの問題も受けとめてください」と私たちは迫った。

「残念ながら、ぜひ、この秋に、ということは現実的にはむりだ」と、渡辺さんはくり返した。少したって彼は、「でも……『かたる会』の気持ちを社会教育課と保育課の両方にあてて公開質問状として書けば、役所として、この問題に正式に答えることになる」とつけ加えた。私たちはそこに渡辺さんの気持ちを感じた。管轄のちがう二つの役所が、母親の勉強をめぐって正式に話しあい、返事をくれるなら、一歩前進である。この問題の、これ以上の進展は秋にあずけよう。私たちの乳児は、地域の共同保育所「たんぽぽ」にあずけよう。

一気に話しこんでいて気がつかなかったが、もう外は夕景色であった。窓から見えるビルは心もちオレンジがかり、紫色の影はもう長い。私たちは四時間以上も話していたのだった。もうこの日は話を打ちきらなくては。小さい子どもたちがおなかをすかせて待っている。

私たちは保育課と社会教育課を連名のあて名にして、この件で公開質問状を書いた。二つの課から返事をもらった後、また交渉をくり返した。

私たちはこういう毎日のなかで自分をとりもどしていった。保育課の人は、「いままでは保育要求ばかりだった。保育の意味にかかわる要求が市民からだされたのははじめてです。これからも課題としていきたい」といった。

あるとき、丹羽さんが交渉の場にはじめから出席していることに気づいた。あれ？　彼女、教師なのに、学校サボッタのかな。「カゼで休んでいたんだけど、おもしろそうだから、きたの」と彼女は笑った。

結局、合宿の場所は、渡辺さんの応援もあって、すぐ近くの小学校をかりることができた。

さあ合宿だ！　まるで民族大移動

合宿の当日になった。私たちは、マナ板、炊きあがったご飯、ボール、せんぬき、包丁、水筒からハサミや絵本まで持ち、子どもたちをひきつれて、民族大移動のように集まった。真夏に暑い校舎を使って、冷たい水を一口ものまずにガンバッタ二日間！　この奇妙にも楽しい体験！

乳児は「たんぽぽ」にあずかってもらって、幼児から小学校四年までの子ども十数人を二つのグループにわけ、七人の保育者（保育科の学生さん二人、男子中学生五人）に保育をたのんだ。

その内容も、私たちのもっている知恵を総動員して考えた。大きい組の子どもたちは、参加者みんなの昼食もつくってくれた。さっき書いたさまざまな持ちものはそのために必要だったのだ。工作、宝さがし、ねんど細工もした。おもしろい理科の実験もした。「障害」をもった三季ちゃんもバイタリティーをもって参加した。彼女は、頭ほどもある巨大なおにぎりを食べ、みんなを驚かせた。その巨大なおにぎりは、中学生のお兄さんたちがふつうのおにぎりをいくつもかためて作ったものだった。

私たちは子どもたちをそんなふうに保育者にたくして、むさぼるように語りはじめた。私たちのお母さん世代の生き方の話がでた。ある人のお母さんは農家に生まれ、農家に嫁いだ。忙しい農家の嫁として、楽天的にさまざまな仕事をこなした義母を見ながら、あのようにはどうしてもなれない、と彼女はいった。また、ある人は農村の非農家に育ったので、成長のあいだ、ずうっと農家の人びとの暮らしを見てきた。とりわけ近所のお嫁さんが朝から晩まで働かされどおしなのをずうっと理不尽に思っていた、といった。

また、ある人は職業をもって生きているお母さんを見ながら育って、自分も当然、生涯、働くのだ、とずうっと思っていたという。ある教師をしている人は、お母さんも教師をしてたのに途中でやめざるをえなくなり、そのことを生涯くやんでいるのを見て育ち、自分はけっしてやめない、と思っているといった。

また、もう一人の教師をしている友だちは、自分のクラスの子どもを見ていると、おもしろい発想をする子どもは、かならずといっていいほどお母さんの発想がおもしろい、と興味ある発言をした。ある友だちは、男の兄弟ばかりのなかで育ち、自分だけが家事を手伝わされ、ずうっとそのことにこだわっていた。家庭では平等に育てられたのに、職場での差別的な待遇がたまらなかった、という人もいた。

家庭でも職場でも差別を感じなかったが、長じて、自分が結婚してみてはじめて、自分の自由がなんと縛られているんだろうと感じた人もいる。ある人は、夫がまったく彼女の悩みをわかってくれないといい、これは夫のせいというより、育てられ方のせいではないか、といった。夫が組合の専従ですごく忙しくて、生活のことに参加してくれないのは納得がいかない、という人もいた。そして、通信教育で保母の資格を取りたい、勉強するつもりだ、と。ある人は、寝たきりのお姑《しゅうとめ》さんのめんどうを見ていて、いまは外にでることが不可能だから、家でできること——食品の共同購入と万葉集の勉強会——をしている、という。

三季ちゃんのお母さんは、障害とはなんなのかについて、ハッと目を見開かせてくれた。「障害をかかえた子」がいるのではなくて、あるのは、たとえば、コミュニケーションできないという「障害」なのだ。その「障害」は両方の人間のあいだにあるのだ、と。

この心地よさこそ「自由の感覚」なんだ！

しゃべりにしゃべった、という感じだった。じっさい私たちは、そのとき、はじめて家事にしばられず、自由に話せる二日間を持ったのだ。否《いな》、自分たちで創りだしたのだ。たくさんのむずかしい問題を自力で解決して。

しゃべりたいという思いの奔流のまえには、もしかしたら、系統的ななにかが結晶するかもしれないというほのかな期待はみごとに吹きとんだ。多岐にわたって話されたことから私の頭にむすばれた焦点は、「老人問題にしても、〝障害〟者のかかえる問題にしても、子どもの問題にしても、私たち自身が新しい一歩を模索する問題にしても、〝冒険心とやる気がすべてのカギ〟だ」ということだった。

自分自身のことにかんしては、つぎのようなことが話された。

「若いとき、コンプレックスのかたまりにさせられていた。完全な自己喪失だった」

「女子系の学校だったから、〝たいせつに〟育てられはしたけど、それは結局、心身の冒険の抑圧だったのではないか」

「時代からの隔離だったのではないか」

「両親が、女だからといって、いわゆる女の子らしいパターンにはめようとした」

「結局、デモにもいかなかった」

「大学にいきたくても、奨学金のことすら知らないであきらめた。あとで主人に笑われた」

私たちは生活の場で、長い長いあいだ、孤立したままむずかしい問題をかかえていた。いったい自分とはなんなのか？　自分の悩みは正当だと思うのに、ぜいたくだと言われるのはなぜなのか？　かたよっているといわれるのはなぜなのか？　自分たちの生活は社会的などんなことに、どうつながっているのかさえもわからないまま、一人ひとりが堂々めぐりをしていた。

　自分たちでつくりだした時間・空間のなかで、こうやって心深くにひそむむずかしい問題に面と向かい、しかも、それらを合流させた私たち。この体験は、私たちに測りしれない大きなものをもたらしてくれたことが、あとになるほどよくわかった。さらにいえば、この体験こそが「かたる会」の秋からの原動力そのものであった。

　それはこういうことだ。私たちの心に、「どうしてもやりたいことはやろうよ」「友だちはわかってくれると思うよ」「何人かで本気でがんばれば、きっとできるよ」という共通の感覚が生まれたのだ。「自由の感覚」を知ったといってもいいかもしれない。私たちはこの共通感覚をもとに、「かたる会」のいろんなことをつくりかえてしまった。

　まず第一に、「かたる会」の例会の時間を土曜日の午後から夜にかえた。午後という時間帯は、せわしく終わる。終わりが夕食のしたくにつながっている。だから、話がもりあがっているのに、子どもたちのことを思って気が気ではない。夕食後の七時からなら、家事を気にせずにゆっくりした気持ちで話ができる。

　子どもたちは？　夕食もすみ、お風呂にもはいっているのだから上きげんだ。会場のとなりの大きな洋室で勝手に遊ぶ。幼い子どもたちは大人のそばで寝るか、夫が家で寝かせる。

　夫は？　夫はすこし難物である。夫の本音は、土曜日の夜ぐらい奥さんにサービスしてもらってゆっくりしたい、といったあたりにある。「でも、私は行きます。どうしても行きたいんです」「おもしろいわよ。いっしょにいきましょうよ」——私たちはいろいろに工夫し、夫に意思表示して集まった。夫たちは「行ってほしくないな。でも、彼女があいった以上、ぼくがどんなにとめてもいくだろう」「それにしても、彼女は、なぜぼくといるより女どうしの話を選んだんだろう。女が女に心を動かされることがあるのだろうか」などと思った、という。夫の虫のいどころによっては、「大もめにもめてきたの」ということもあった。

集まりが夜になって、どこがよくなったか。まず予想どおりたっぷりと話せる。この雰囲気のなかで、人は本来の自分にもどって、自分らしいおしゃべりが展開できる。ある人は待ちきれないようにハイテンポで。ある人は自分に問いかえすようにゆっくりと。この魅力はすてきだ。

それに、いろんな人たちにお客になってきてもらえるようになった。職場の同僚でじっくりといい仕事をしている人、いろんな運動のなかで出会った人、社会教育課の渡辺さんたち……。彼らに口火を切ってもらうと、話はまたちがった豊かさをもつ。

夫たちも「何をやっているのだろう」「おいでというんだからいってみようか」「一人でテレビを見ているよりいいかもしれない」と、少数だけど来るようになった。夫が友だちをつれてくることもある。みんなのなかにいる妻を見るってはじめてかもしれない、とある夫は思う。

妻が友だちにことばを選びながらゆっくり話していく。その横顔を見るのはいいものだ。うちでは彼女がなにかいえば、自分が答えなければならないが、ここではだれかが答えるのを聞いていればいい。自分なりの答えは、それらの立体的な組みあわせのなかから生まれる……このほうがしぜんだ。夫婦の関係だって開いた場で命をとりもどす。

ある夫はいった。夫婦ゲンカのとき、いままでは妻一人を説得すればよかった。でも、いまは妻の後ろに「かたる会」の人がいることを確かに感じる。ぼくはみんなを説得しなければならなくなった、と。それは妻を一個の人格として遇することなのだ。

「かたる会」にもどろう。第二の成果は、合宿を契機にして、「かたる会」のなかや境い目に多様な小さな集まりが生まれたことだ。

片岡さんを中心にしてフランス語を勉強する会が昼間はじまった。幼い子どもを持った人のために、となりの部屋で平行して保育を行なう用意をして、「かたる会」以外の若いお母さんにも呼びかけた。

夜には丹羽さんのダンナ・敏雄さんと新しいメンバーの南郷さんが呼びかけて、ユングの心理学の勉強をする会がもたれた。これは私の家でした。八時から十一時ごろまで。私は大学のときの講義で食傷してから、心理学には興味をもたないようにしてきた。でも、敏雄さんや南郷さんがやりたい深層心理学とはどんなものなのだろう、と聞きたくなったのだ。

牛乳や野菜の共同購入もはじまる

また、いろんな行動も生まれた。

ある日、一つおいたとなりの棟に住む「かたる会」の安田さんの家へいったら、小学校にはいったばかりのぼうやがおなかのすいたような顔ででてきた。

「お母さん、いない」「そう……。すぐ帰ってくるからちょっと待ってらっしゃいね」といって外へでた。と、彼女が急ぎ足でこちらにやってくる。彼女は私の顔を見ると、手さげからなにかをとりだした。見なれない形をしている。牛乳の紙パックだった。

「これ、ちょっと飲んでみて、おいしいから」

「ええ？」

「これ、北海道のなかだけで市販されている〝よつ葉牛乳〟っていうの。本州でもこれを飲もうという運動が東京でおこったんだけど、大阪では、きょうはじめて、これが届いたの。何人かの人が飲んでおいしかったら運動するの。飲んでみてね」といいながら、私にその牛乳を一パック手渡し、急ぎ足で息子さんの待っている家へと遠ざかっていった。

私はひんやりとした牛乳の感触を手に感じたまま、彼女のいったことをまだのみこめなくて、しばらくぼんやり立っていた。夕方、学校から帰ってきた子どもたちはその牛乳を飲んで、「おいしい〜」と目を輝かせた。

翌日、彼女から説明を聞いた。

「この牛乳は北海道の広い牧場で育っている牛からしぼられたものだから、とってもおいしい。(ね、そうでしょ?)だけど、なにか生産者どうしのとりきめがあって、北海道のなかだけでしか売れないことになっている。だから、津軽海峡を渡るときには、バターや脱脂粉乳として加工されてるの。そのため北海道のなかでは牛乳があまっていて、安く買いたたかれている。これを本州の人が加工品としてでなく、牛乳としてそのまま飲めば、農家も私たちも助かるんじゃない」

「へ〜ッ」というわけで、私もさっそく彼女のグループに入れてもらった。保冷車をたのんで配るのだから、グループでないと飲めないのだ。彼女がその話をちょっとしただけで、「かたる会」の人たちはそれぞれ自分の棟に十人くらいのグループをつくって飲むようになった。みんな、なにかひじょうに身のこなしが軽い。

となりの棟に「たんぽぽ」のころからいっしょうけんめいやってきた仲間の丹羽さんが住んでいる。私たちはおたがいの家から窓の見える間柄だった。夫はよく夜の十時ごろ、彼女のうちに電話をした。「丹羽さん、ぼくの自慢のコーヒーをいれました。出前をしましょうか。それともお二人で飲みにいらっしゃいますか」――また、彼女のほうからも、夜、「こんな本、買ったの」と私たちに見せないで寝るのがおしいかのように、本をかかえてやってきたりしていた。

その丹羽さんが、ある日、「きょう、夕食後、集会所で京都大学の槌田劭《つちだたかし》さんというかたがお野菜の共同購入の話をされるの」とさそってくれた。急いで夕食をつくり、集会所へ駆けつけた。槌田さんは自己紹介した。「『使いすて時代を考える会』というのをやっています」。彼のお話はこうだった。

「いまの世の中は〝どら息子の時代〟である。たとえば、石油のような、先祖代々の――何十億年の――遺産をただ一代で刹那《せつな》的につかっている。そうではなくて、子どもの世代に何をのこせるかを真剣に考えようではないか。その考えるきっかけとして農家の人たちとなるべく農薬の少ない野菜をつくって共同購入をしている。ただし、ただ安全な野菜をというだけの人はおことわりする」

おもしろいな、と思い、賛同者七、八人があつまって、一つのグループをつくった。「かたる会」の人はそのなかに三人いた。丹羽さん、私、それに清水さん。さっそくつぎの週から、ダイコン・ツマミ菜・キュウリ・ホウレン草などがドサッと配送されるようになった。私たちは二人ずつ組んで団地の階段にはかりを持ちだし、新聞紙を家の数だけ広げ、一軒ぶんずつはかってはのせていった。どろがついていて、見かけはよくないが（という私たちの感覚がほんとうは問題なのだけど……）、料理をしてみると、じつにおいしい。そのものの味がする。

ある日のタマネギに一枚のメッセージがついていた。

「私は○○といって、○歳の百姓です。妻と父の三人で、このタマネギをつくりました。収穫してからは、家中にタマネギをつるし、きょうまで保存しました」

このどろつき、メッセージつきのおいしい野菜たちは家族の関心をさらった。子どもたちは「へえ、その人、タマネギといっしょに寝ていたのかな」という。また夫は「おいしい。ありがたい」という。それまでも夫は、夕食がすむと、きまって「ありがとう」といっていたが、そのころから、その「ありがとう」は、料理をつくった私だけでなく、その材料たる野菜を、心をこめてつくってくれる農家の人にも向けられることになった。

ある日、丹羽さんが気づかわしげに、「三季ちゃん、こんど小学校じゃないかな」といった。三季ちゃんは「かたる会」にもお野菜の会にもはいっている清水さんの子ども。目がきれいで、笑い顔が生きいきとしている。ところが、「障害」があって、ほうっておくと、教育委員会は養護学校に行けというらしい。丹羽さんは教師だったので、それを心配して、「清水さんの考えはどうなのかな」といった。清水さんにきくと、「三季自身、どうしても近くの小学校へいくというの。まえに『かたる会』の合宿を大人と子どもでしたでしょ。三季にとっては、あのときが〝健常〟な子どもといっしょに生活したはじめての体験だったの。だから、あの友だちのいる、あの学校にいく、ときめているらしいの」

私たちは三季ちゃんにも、そのお母さんの清水さんにも感動した。学校の先生はいわれた。

「クラスの人たちといっしょに勉強できる状態かどうか家庭訪問しましょう」

清水さんは、「それだったら、『かたる会』にいらしてください。『かたる会』は広がった家庭のようなものです」とつたえた。

先生を囲んで何回かの話しあいがもたれ、三季ちゃんの希望はかなえられた。丹羽さんは、一方では先生を同僚として勇気づけ、他方では地域の大人たちに三季ちゃんのことを話したりしてほんとうにいっしょうけんめいがんばった。

一方、「よつ葉牛乳の会」はそのうち、「飲んでいるだけではだめ。もっと運動そのものにかかわらなければ」というわけで、安田さんはじめ「かたる会」の友人はどんどん関西での運動の中心的な役割をはたすようになった。

そして、さまざまなグループからの希望をうけて話しあいを重ねた結果、牛乳だけでなく、リンゴやミカン、安全なしょうゆなどもあつかうことになった。このリンゴにもくわしいメッセージがついていた。

「連休にはリンゴの摘花・受粉をします。どうぞ、いらしてください」

子どもたちはそのリンゴをよろこんで一軒ぶんずつはかっては袋にいれ、団地の階段をかけ登って配った。「えらいわね」などとほめられたといって、得意満面で帰ってきたりした。

「お野菜の会」では、いっしょにおみそをつくったり、バザーをやったりした。おみそは十一月に集会所をかりて仕込んだ。翌年の梅雨ごろ、おそるおそるあけてみると、カビひとつはえていない立派なおみそができていたのでびっくり。やっぱり空気を入れないように、という注意を守ったからだ。私もちょっとしたものだ。いまごろ、友だちの家でも、あのおみそ食べているのかななどと思いながら、おなべにゆっくりみそをとかし込むときの気持ちはなんともいえない。子どもたちは、なんとなくそのような私たちを感じながら、育っていったらしい。

「どうして大豆がおみそになったんだろう」

「へえ、バイキンのようなものがおみそつくってくれるの？　いいバイキンもいるの？」

女の子たちは、そのころ、なんとなくお母さんたちみたいな大人になるんだ、お友だちもたくさんいて、いろ～んなことをやって、自分のお仕事もする、というふうに、自分の未来をお母さんにかさねて見ていたようだ。こういったイメージが描けないので男の子は多少、旗色が悪く、おそく帰る父親にあてて職場に手紙を書いた。

「お父さん、お父さんはお仕事、おもしろいからやってるの？　やらなきゃならないからやっているの？」

熱い問いには、おなじ熱さの答えが必要だ

よつ葉牛乳の関西全体の集まり（四百以上の小さなグループからできている）で、生産者といっしょに話す会をもった。生産者の話も、講演をしていただいた日高六郎さんの話も深く印象に残った。

全体会のあと、小さなグループにわかれてテーブルをかこみ、顔を見ながらおたがいにいろんなことを話しあった。（これは「かたる会」のメンバーが仕掛け人だった。）そのとき、私はとても印象にのこるひとことを聞いた。私の「牛乳の共同購入をするようになって、何がいちばんかわりましたか」という問いを受けて、ある未知の中年の婦人がしずかに「ぜんぶが変わりました。テレビを見る目から夫と話すことまで。だって、私自身が変わったんですから」といったのだ。なんと、そのひとことは、私たちのまわりにおこっているすべてのことをいいあてていることだろう。

「リンゴ」が美しいのではない。「リンゴがここに在る」ということが美しいのだ、といった人がいる。

合宿でのおしゃべり、その一つひとつは、もしかしたら、平凡な事実といっていいかもしれ

ない。女の子にだけお手伝いさせる親、妻の心に関心のない夫。話してくれた人にとって、それがいかにたえがたいか。それはほんとうだ。でも、それが世の中でいくらでもおこっている事実であることもまたほんとうだ。たいせつなのは、そのことを、時を忘れて話しこんだ私たちがいる、ということだ。そのための場を困難のなかでつくりだしていった私たちがいる、ということだ。

その思いを実現するのはたいへんだった。しかし、困難にあうたびにエネルギーやイメージが湧いてくるのを、私たち自身おどろきながら実感していった。いま湧いたばかりのエネルギーを投入し、イメージをつないで一つひとつの困難を解決したときの実感は、むしろ楽しいということばで表現されることもまた驚きだった。こういう過程こそが、深い意味での勉強ではないのか。

こうして私たちは一人ひとりの前史にたどりつくのだ。片岡さんや佐々木さんが若いとき、コンプレックスのかたまりになったのはなぜなのか。一方、たとえば、私が未来は自分で切り開くものと感じていたのはなぜなのか。この熱い問いには、おなじ熱さの答えがどうしても必要だったにちがいない。

料理も物理も創造の心はおなじだ

私は合宿への激しい動きのまんなかで、物理の研究をやめる決心をした。(あとで書くように、そのとき、職業としてはやめていた。)

合宿のイメージが生まれるころ、パリに日仏交換研究員としていっていた夫の元さんからの手紙が届いた。

「蕭子の物理の仕事を、まとまったところまで整理して送ってほしい。ボスのジェロームに話してみたい」

その手紙を見て、急きょ私は仕事をまとめて送った。折り返し、彼はつぎのように書いてきた。

「蕭子はいつもこんなに集中して仕事をするのか。ぼくはこれを見て、茫然《ぼうぜん》として何時間も床にすわり込んでいた」

率直にうれしかった。集中のかたまりのような元さんが、私の仕事に集中と名づけてくれたことが。でも、私はいつもこうして物理をやる。長年、家事や子育てや地域のいろんなことのなかで物理をやるには、恐ろしく集中するしかない。そして、子どもと出会うときも、「かたる会」でなにかをするときも、やはり集中する。

少したって彼の返事がきた。

「ジェロームの了解をとった。よかったらこちらへきて、いっしょに物理をやらないか」

元さんの二つ目と三つ目の手紙のあいだは、私にとっては二年にも三年にも、否《いな》、二十年にも三十年にもあたっていた。実際には二、三週間だったのだけど。なぜといって、そのあいだに「かたる会」の女たちの動きは質をかえていた。激しさと明るさを増し、もう合宿という一つの目的に向けて確固たる歩みをすすめていた。私はその動きのなかで必要とされていた。私は彼のさそいをことわった。このとき、私は物理の研究をやめた。

物理は私の職業だった。物理をやりつづけるために、私は、働く女ならだれでも体験するまさつをまわりとのあいだで味わった。夫との家事の分担も、子どもが三人になるころから大きなあつれきのタネになった。共同保育の運動をやりだしたのも職業をつづけたいからだった。そういうなかで、いつか私は育児とせめぎあう物理をたのしむようになった。物理をたのしむことは生きる芯棒になっていた。若いときから自分のなかに芯棒をつくることがどうしても必要だったのだ。自分の感覚を育てるためには。なぜといって、世の中は、今も昔も、若い女の子と見ると、その個性を形づくらせまいと、あらゆる仕掛けをほどこすから。私はその仕掛けを物理をすることで破って個性を形づくってきたんじゃないかと思う。

その私が物理をやめたとき、いままで私を理解してくれていた人も奇異に思ったことだろう。私が支離滅裂だから物理に夢中になったり、やめたりしたのだ、と思ったかもしれない。いくぶんその気味はある。でも、私にとっては、夢中になったこととやめたこと、この二つのことは深くつながっている。むしろ一つのことからでてきた、といったほうがいい。私なりの学びの精神というべきものから。

私は物理の何にひかれたのだろう。物理って自然そのものではない。自然の語りかけによって生まれるものだ。雪が寒い天空でできていくようすをしらべ、雪の美しい写真をたくさん残した物理学者の中谷宇吉郎は、「雪は天からの手紙である」といった。

学ぶとはなんだろうか。創造とはなんだろうか。どんな生命も一人っきりでは生きられない。それは生命の原理である。みみずには土やバクテリアやくさった葉がいるだろう。小鳥には木の実がいるだろう。人間の赤ん坊はお母さん(育ててくれる人をここではかりにお母さんといおう)がいて、やっと生きられる。人は生きるために学ぶのだ。

動けないころの赤ちゃんは、とりわけ大人に笑いかけられるのが好きだ。わけても「いないいない、ばあ」が好きだ。もし「ばあ」「ばあ」ばかりだったら、赤ちゃんは確実にあきる。相手がいくらお母さんでも。このなかにつきない真実が隠されている。赤ちゃんは、「いないいない」があるから、「ばあ」がステキだと思うのだ。逆に「ばあ」で満たされたら、こんどはチョッピリ緊張がほしい。つぎの「いないいない」で。でも、無限の緊張はいや。赤ちゃんは一瞬のあと、「ばあ」でむくわれることを知っているから、「いないいない」に心配のまじった安心で耐えている。赤ちゃんは感じているにちがいない。大好きなお母さんはいつも自分に笑いかけてはいられないらしいことを。すこしさびしい。でも、お母さんには用事がいろいろあるらしい。待っていれば、かならずきてくれる。

お母さんという他者が発する「いないいない、ばあ」を実感し、そのリズムを知り、しかも、たのしむ精神、これが赤ちゃんにとって生きるっていうことだ。学ぶっていうことだ。その結晶が「いないいないない、ばあ」の遊びだ。

こんなことをいいだしたのはほかでもない。このなかにこそ学ぶということの原型がある、と私は信じているのだ。学ぶというのは、近しい他者のことを知るということ、それも共感をこめて知るということだと信じているのだ。

私たち人類の祖先は、いつのころからか、おいしい木の芽や草の葉っぱは、種をまけばかならずはえてくることを知った。しかし、その種はいつでもあるわけではない。いついけばあるのか。また、その種は見つけたときにまけばいいというわけではない。いつまけばいいのか。種という他者について、私たちの祖先は懸命に知ろうとしただろう。知って、そのリズムにのらなければ、おいしいものをたべられない。しかも、そのリズムにのることはかぎりなく心おどることだ。ほかならないそのリズムとして、人びとは季節の流れを知った。ある人たちは星で季節を知った。また、ある人たちは風で。また、山はだで。こうして星も風も山はだも「いないない、ばあ」をする。

たいせつなもの、愛するもの、いっしょに生きるものたち、彼らにはおかしがたい固有のリズムがある。それを知り、ありありと実感することが、大きくいって学びの精神だと思う。ここから星の学問も風の学問もおこった。

人は不思議なものに出会い、打たれると、それを奥深く成りたたせているなにか(リズム、そして、法則)を知りたい、と願う。そして、はやる心で計算したり、実験したりして、その不思議さと交感できる固有のリズムを自分自身のなかにも見つけていく。私には、これが物理だと思われてならない。物理って、自然にたいする語りかけの一つの極致なのだ。

人間のいるところ、いつも創造があった、といえるのではないか。アルタミラの洞窟の壁画を描いた、はるか昔の人類の祖先は創造者だ。北極星はちょうど真北にあって動かないと思われているが、じつはすこし動く。それを見つけたのは、日本では名もない漁師の妻だ、という。夜になっても帰らない夫を案じて、何度も何度も障子の破れ目から空を見るうちに、さっき見えていた北極星がいつのまにか見えなくなったことを発見したのだった。愛によって真実を発見したのだ。

お料理だって、じつは一回一回が創造である。どんな魔法をかければ、一組の「ジャガイモ・ニンジン・タマネギ……」から、ほっぺたが落ちそうなカレーができるのだろうか。

娘時代、私は料理をほとんど知らないように育てられた。だから、結婚したとき、山料理ならできる元さんのほうが、料理が上手だった。慣れない手つきで私も料理をしてみてすぐ、これはすごくおもしろいものだ、と思った。なぜって、料理は多重な語りかけなのだ。まず心のなかで家族に語りかける。きょうはおなかをすかせて帰りそう。じゃ、ボリュームのあるものがいいわね。そして、野菜たちにも語りかける。ジャガイモ一袋としなびそうなリンゴが二つ。リンゴはきょうのうちに食べなければかわいそう。それではきまった。リンゴも煮込んでカレーライスにしましょう。多重な語りかけが重なりあい、くっきりと焦点をむすぶ。

さて、料理にとりかかる。このとき、私たちのあらゆる感覚はめざめ、手足はたえず動いている。材料を切ったり、まぜたりしている。ガスの火をゆるめている。タイミングをはずさないで。頭は半歩さきを読んでいる。こうした料理の順序や切り方の工夫、時間の見はからいかた――料理のこつといわれているものは、野菜や肉たちといままでにかわした交換ノートなのだ。語りかけの集大成なのだ。実際、野菜や肉たちが、どうすれば同時にやわらかく、おたがいにそのよさをしみ込ませるように煮えるのか。開いた心ですこしやってみれば、野菜や肉たちがそのこつを教えてくれる。人は料理をつくりながら、みずからつくられるのだ。

人は生きながら、暮らしながら、みずからつくられるのだ。私にとって料理をすること、物理をすること、夫や子どもたちとおしゃべりをたのしむこと、これらはまったく一つのことだった。子どものハプニングが物理をやる私をはげます。物理をやる心の働きが、お料理のとき、急にとびだしてくる。さまざまな体験が、らせん階段のように私をささえて、その限界を少し超えさせてくれる。すべては学びなのだ。

このおなじ創造にかかわる心の働きが、「かたる会」の仲間の合宿への過程にたしかに息づいていた。心と心のつながりをきっかけに、封印されていたあこがれや可能性が合宿へと発露した。「かたりあかす場」への熱い思いは、私たちの心も頭も手足も活発にし、そのイメージをとうとう現実のものにした。ふつうに暮らしている女たちが、自分たちの眠っている可能性をよみがえらせながら、みずからのありようを創造する。これは稀有《けう》のことだ、現代では。

現代における学問は、専門家だけがいかめしい研究室でやるものになってしまった。日常生活はそれにひきかえ、くり返しでつまらない。その日常生活に埋没する女たちは、それゆえにつまらないものだ、とされる。そして、一方では、儲け、国家威信、それに軍事のための科学技術が独走する。しかも、第三世界の人びとは貧困を強要され、地球は荒れる。そして、工業化された社会で、人びとは深い満足を味わうことのできない生活をしている。いったいどうしたというのだ。

せいいっぱい自分を燃焼させたい

「この敷石の下に野原が広がっていた」

一九七〇年にパリの学生たちはこう落書きをしたという。敷石は車にとっては便利かもしれない。でも、想像力をこらせば、もとは野原だったのだ。たくさんの花が咲きみだれ、みつばちの羽音が聞こえていたのだ。この多様なハプニングを石で押しこめて、現代の文明が成りたっている。

女の生活は、夫や子どもの敷石なのだろうか。いや、野原だったのだ。たんぽぽのつぼみにそよ風が話しかけ、生きとし生けるものが息づく野原だったのだ。いや、いまでも、ほんとうのお料理をはじめ、いろんなことのなかにそれは息づいている。そうと感じられないだけなのだ。本人にさえも。生きるエネルギーそのものに根ざして、それを掘りおこし、蘇生させる動きが、合宿へのプロセスなのだった。

私がパリにいけば、夫はデスクを見つけてくれる。数年来、子育て・保育所・大学と、忙しいなかで形をなしかけている自分なりのテーマもある。その私のテーマに関連した分野で、元さんのいっているところは長い伝統がある。そこでディスカッションしてもらえば、ずいぶん刺激を受けるだろう。

けれども、その反面、私がパリ行きをいいだしたら、合宿を目前にして交渉をくり返している「かたる会」の友には大きな打撃をあたえる。もしかしたら、合宿そのものが不可能になるかもしれない。そして、万一つぶれたら、この激しい創造への渦巻きは二度と生まれないかもしれない。

逆に、私が枚方に残れば、それは私にとって物理をやめることだ。これだけを取りだせば悲しい。でも、そのおなじとき、私は、女たちの生きるエネルギーあふれる場でせいいっぱい自分を燃焼させていた。この場は必要なものだ、私にとって。そして、オーバーにいえば、地球の未来にとっても。私はパリに行かない。この地の生活のなかで、私は創造したいという気持ちを生かしつづけたい。そんなふうに私はパリにむけて書いた。おりから、合宿の交渉も準備もピークを迎えていた。

●IV章

仕事も子どもも抱きしめて

——共同保育所「たんぽぽ」から「かたる会」まで

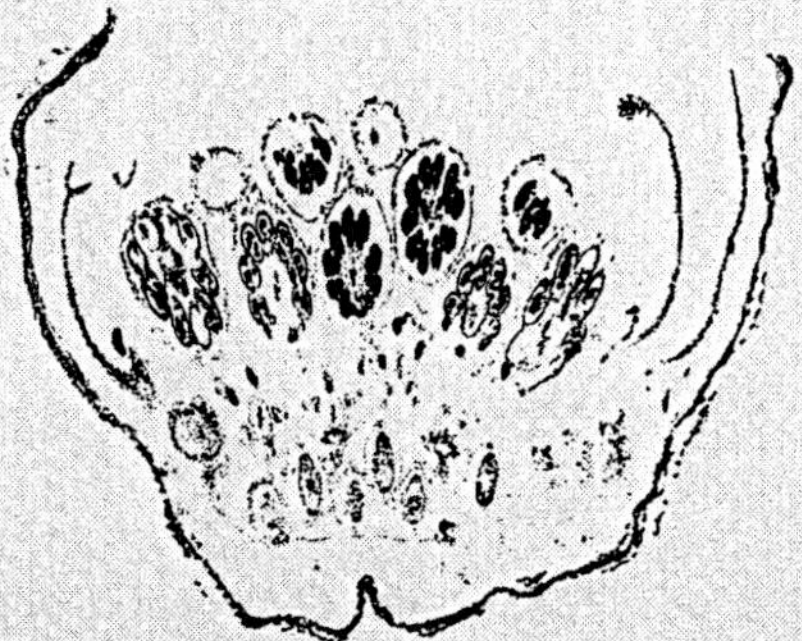

大阪で仕事三昧に暮らす

「かたる会」のイメージを私のなかでさかのぼれば、共同で子どもたちを育てようと集まってきた一人ひとりの女たちに行きつく。私もそうした女たちの一人だった。話は、子どもの生まれるまえ、私たち夫婦が東京から大阪に引っ越した一九六六年にさかのぼる。

大阪でまず住んだのは、十分も坂をのぼれば、大阪大学までいける池田市の石橋だった。梅田から京阪電車の急行で二十分ほど。駅まえの露店のような小さな店々にあふれるほど魚や野菜がならんでいる。店の人たちは「いらっしゃいよ」「ええ、安いよ安いよ」と抑揚のあるダミ声で客を呼ぶ。

家の台所の窓からは山が見渡せた。これは近くの市民の公園である五月山から箕面へと連なる山であることがわかった。つぎの朝から、起きると、まず窓をあけ、山やまを眺めるのが習慣になった。すると、不思議なことに気がついた。日によって山やまが遠く紫色にたなびいた霞のなかに見えたり、葉っぱの一枚一枚が見えるほど近くに見えたりする。

池田市でのはじめての夏がはじまろうとしていた。夫は夏のあいだ一か月くらい留守をしたいという。東京大学物性研究所でなければできない実験があるから、と。「きみはどうする?」

と彼はいった。せっかくだけど、私は残って、いくらか自分自身の仕事の展開をしておきたかった。彼は一人で東京に行った。

大阪大学への坂を待兼山と呼ぶ。一人、大阪に残った私は、朝食を一人でとると、毎日、その待兼山を登って研究室にいく。いくつかの論文を読みかさね、計算の展開を試み、仕事三昧の暮らしをした。

大阪の夏は暑いのでびっくり。新聞の「最高気温」の欄を見ると、いつも大阪は一、二番を競っている。競う相手は日によってちがう。その年は、そんな大阪としてみてもとりわけ暑かったらしい。ある日、一人で遅くまで読んでいた本を閉じるとき、蚊が何匹も押しつぶされた。近くの池で蚊が異常発生したらしい。あわててつぎの日、窓に網を張った。それでもひとり大阪に残って、物理の世界にわけいるのはたのしかった。夫は毎日のようにはがきをくれて、「実験の準備を整えている」「さびしいから仕事以外のいろんな本を読んでいる」「たたみいわしを買ったから半分おくる……」などといってきた。彼にとってははじめての一人ずまいで、それなりにたのしんでいるのだった。

私たちの仕事にとっても、東京は中心である。さまざまな情報がはいってくる。新しい仕事についてじかに本人から聞くことができる。それはいいことにはちがいないが、半面、自分なりの仕事、われしらず身をのりだしてしまう仕事とはどんなものなのか、その見きわめがむずかしい。その点、ここ大阪は適度に活動的で、私にとってなんといいんだろうと思っていたとき、私は妊娠を知った。

母親も子どもも生きいきと生きるには

私の心は妊娠を知って一瞬ゆらいだ。まさにいまのめりこもうとしている「仕事」という点からは「赤信号」だったから。でも、それをあえて「赤信号」だとしない生き方を私はしたかった。子どもが大きくなったとき、「あなたが生まれたので、私の生活に赤信号がともった」などと、どうしていえよう。なんとか子どもを育て、仕事もやっていく道をみつけていこう。子どもも私も生きいきと生きていく手だてを一日一日、考えていこう。そのためにどんな努力をはらったって、それは本望だ。

私たちは仕事のなかに生きてきたが、それは、ただそれだけのものだったのだろうか。そうではない、と私は思う。投げだしたいときもあった。一歩一歩、新しい世界にはいりこむたのしさもあった。それらをこめて私なりにずっと仕事の道をたどってきたのは、その作業が、人類のこしかたのさまざまな営みのもつ創造性のなにほどかを受けついでいるからではなかったか。だからこそ、子どもを生み、育てるという営みも、そのなかに組みいれれば、大人だけだった生活はよりふくらんだものになる。そうしたい、と望んだ。そのことで、生きるという意味あいがいくぶんか深みを帯びるかもしれない。その望みが、低く深いハーモニーのように、心の奥の奥からわいてきて、もうとまらないのだった。

でも、仕事をつづけることが、子どもにとってよくなければ話にならない。その答えは私にとってはかんたんだ。「母親が自分らしく生きることがたいせつなのよ。喜びも悲しみもどっさりもった母親が自分の心を紡ぎ、思いをふくらませる。その雰囲気のなかで子どもに笑いかけ、語りかけるのが肝心だと思うわ」と私は夫にいった。「もちろん、父親もそうしてほしいわ」。彼はすんなりと私の考えを受けいれてくれた。そのことは私たちのそれまでのなりゆきからしぜんに導びかれるものでもあったから。

けれども、そう決心した私たちの目のまえには、容易ならない難問がつぎつぎとひかえていた。第一に、私はまだ大学院生の身分で、これから職を捜そうとしていた。女子院生の就職は極端にむずかしい。ある大学院で卒業者の名簿をつくろうとしたところ、女子の消息は一人か二人しかわからなかったという。

それでも東京だったら、私のことを知っててくれる人は何人かいる。私に信頼感をもってくれてる人もいるかもしれない。曽田蕭子という固有名詞は生きている。じつはその東京でも就職に何度か失敗している。一回など、私が女だったので、応募した先では「人が応募してこなかった」となげいた、という。女は人ではないといわんばかりだ。

大阪ではこれよりさらに条件が悪い。知った人とていない。若くもない。固有名詞もない。一人の女である私。しかも、子どもを生もうとする私が、その大阪で就職口を見つけることはほんとうにむずかしい。それなら東京にいって就職するか。そうすれば、なんとか見つかるかもしれないし、子どもは私の親が見てくれるだろう。でも、私は気がすすまない。ここまで夫と二人で考えてきて、この困難を二人で引きうけないのは、なにかちがうような気がするのだった。目のまえがまっ暗になりそうなのをこらえて、ここで二人で探そう、と思った。

第二に保育所がない。保育所がなければ、はじめの一歩も動けない。いまでこそ保育所はわりあいあるけれど、その歴史は意外に新しい。全国的に見て、ちょうどそのころにできた保育所がたくさんある。あとから考えてみれば、私はそのころ、ちょうど始まろうとしていた保育所運動のうねりのなかに自分をおし進めようとしていたわけだ。でも、そのとき、私はそんなことを知るよしもない。

かりに保育所をつくる運動をするとしよう。そのためにはだれが考えたって仲間がいる。地域の仲間がいなければ、どうにもならない。このことは、東京にいたときに、友だちが職場に保育所をつくる過程を見ていて身にしみている。どうしよう。そのときの私は引っ越ししたてで、大学に勉強にいっているだけ。地域から見たら浮き草のようなものだった。

就職口もなければ、保育所もない。仲間もいないし、親からも遠く離れている。客観的にいったら、子どもを生んだあとも、大人の一人としていままでの生活をつづけていくことは一〇〇パーセント無理だったにちがいない。

子どもは人と人との出会いをつくる

でも、向こう見ずなのはたまにはいいことだ。私は未来はきっと開ける、と信じた。仲間をさがすために、あすからあらゆる知恵をしぼり、できるすべてをやろう。

私は、東京に住んでいたとき、家の近くの電柱などに、よく「映画の会」とか「若者よ、集まれ」とかのポスターがはってあったのを思いだした。そうだ、このあたりにもそんなポスターがあるにちがいない。そこに書いてある連絡先に電話をすれば、たとえ「映画の会」でも、そのグループのなかにだれか一人ぐらい保育所運動にも興味のある人が見つかるかもしれない。いや、見つかるにちがいない。どこかに志をおなじくする女の人が住んでいるはずだ。そう思ったら、学校への行き帰りの景色が一変した。電柱ばかりが目にはいる。

「これは」と思うポスターを見つけたら、さっそく連絡先へいってみる、電話する、というふうにして私は何人かの友だちにめぐりあった。一人は声楽の勉強をしていて、若くして一歳、二歳になる年子の男の子をもつ百合ちゃん。くりくりと動く魅力的な目をもった人だった。「ベトナム戦争に反対する音楽家のつどい」に行きたいけれど、「私、音楽家っていえるかな」と悩んでいた。子どもをつづけて生むために勉強を中断したからだという。私はそんな悩んでいる彼女に好感をもった。(といったらしかられるか?)年子の男の子がすさまじいけんかをはじめると、彼女は「だめ!」と割ってはいり、二人を両の小わきにかかえる。子どもたちは足をバタバタさせて抵抗するのみ。私は圧倒された。

田村亮子さんともすぐ仲よくなった。彼女は三十五、六歳で、小学校一年の女の子と幼稚園の男の子があった。献身的なあたたかい人だった。自分が仕事をやめなければならなかったから若い人たちの運動を支援したい、という気持ちをありがたいと思いながら聞いた。それに、二人の子どもたちをなるべくおおぜいの子どもたちのなかで育てたいともいった。

小企業に組合をつくって歩いている鈴木里子さん。彼女は二十五歳になるかならないかの若さで、子どもはなかった。どこにでも洗いざらした綿の白いブラウスに紺のスカートをひるがえして、旧式の自転車で姿をあらわした。行動的でやさしかった。私たちが議論に行きづまると、よく明晰な論理展開で展望をひきだしてくれた。

看護婦さんの山根純子さん、研究者の奥さんである赤井悦子さんにも出会った。彼女たちは生活を背負い、子どもを育て、いろんな運動をしていた。それゆえに底ぬけに明るかった。これらの人は、私の職場の女の人が、どちらかといえば、個性の輪郭が硬いかんじなのときわだった対照をなしていた。おもしろいことだ。

共同保育の運動をしていなかったころの私には、こんなにバラエティーにとんだ仕事をしている女たちや、いろんな関心、いろんな個性をもった女の人たちと毎日あって、いっしょになにかをするなんて考えられもしなかった。私は大人だけの生活をしていたときも友だちにめぐまれていたといえるだろう。会って時を忘れて話しこむこともあったし、いろんな運動もやった、といっていい。それでも友だちというのは、物理や化学をやっている人か、高校の同級生が圧倒的に多かった。うちに帰って会うのは大家さんくらい。

まったく、小さな赤ん坊ってなんなのだろう? こんな出会いを触発するなんて! まったく、大人ってなんなのだろう? こんな出会いの可能性を、そのときまで考えられなかったなんて!

赤ん坊って、なんて烈しく生きてるんだろう

出産予定日が一か月後にせまったころ、東京にいった。両親のところでのんびりとしていたせいか、入院しても、お産がなかなか進まなかった。それで運動しに、病院から実家にもどっ

たりした。結局、陣痛がはじまってからまる二日後に女の子を生んだ。最後、陣痛がきつくなったころ、腹式呼吸をすればラクだからと練習をしていたはずなのに、なかなかうまくいかない。ところが、「おなかの赤ちゃんだってがんばっている。私もがんばろう」と思ったら、不思議にうまくいった。

おだやかな静かな一瞬。この子どもも私も深く生きていきたいという思いが、胸のなかを透明に包んだ。

「子どもを生むというのは女にとって革命よ。ひじょうに感動的よ」と話に聞いていたが、私はもうすこし静かな感じに満たされた。地上の命のさまざまな営みに私たちのもとけ込んでいるように思った。あえていうと、それだけだ。生物的な誕生は、思春期の自分をつくっていく第二の誕生とおなじように、荘厳で美しいのではないだろうか。もしかしたら、思春期の第二の誕生のほうが、心のギリギリの闘いをへているだけ、より人間的だ、とも思えるのだった。(ああ、出産直後なのに、こんなふうに思えてしまう私はそうとうあまのじゃくなのだ。)

赤ん坊って寝てばかりだ。そして、おなかがすくと激しいリズムで泣く。おむつがぬれても泣く。はじめは泣きだしてからあわてて松田道雄さんやスポック博士の赤ちゃんの本を読むしまつだった。

やがてわかった。赤ん坊は生きるために泣くのだ。まわりがこうした命の欲求をみたしさえすれば、赤ん坊はおだやかにぐっすりと眠りつづける。こうして赤ん坊の体重は三か月でなんと倍になる。細胞の数にひきなおしたら、いくつふえるのだろう。これほどの体重の増加は人生のなかでこのときだけだ。

成長のステキさには見とれるものの、このことはまわりの大人にとってはまことにたいへんなことだ。赤ん坊は、いまが夜なのか昼なのかには関知しない。母親がゆったりしているか、そうじをしているか、考えごとをしているかには関知しない。自分がおなかのすいたときに泣く。単純である。赤ん坊はあすも死なないためには、まわりの大人の力ぞえを本質的に必要としている。このことをまわりの大人はどう思うか。

赤ん坊が泣く。明けがたの三時なのに。ねむい、めんどくさい、と思う瞬間があることは事実である。でも、大人がほかのどんなことをしていても、赤ん坊の命に呼びもどされる。そのたびに大人は自分のリズムを中断する。このことのなかに無限の教えがあるように私には思えるのだ。それが、たとえ大発明の途中でも、どんな大義名分のある仕事でも、もとはといえば、命の営みに反しては進められない。大人の仕事はこうした命とのせめぎあいのなかで、チャンスがあれば生まれる。それだけのものだ。

でも、私はそれだけのものであると知りつつ自分の仕事にこだわる。一か月たって大阪に帰った私は、考える。私の生き方を赤ん坊の命の営みによってまったく消すわけにはいかない。

大人には大人の脈々たる営みがある。それを根もとからとめるということも恐ろしいことだ。反人間的だ。

大阪は夏のまっ盛りだった。そうだ。大阪の夏は格別に暑かったのだ。私は去年のことをまざまざと思いだした。引っ越ししてから一年たったのだ。それにしてもこの一年間、よくもここまでやってきたものだな——私は子どもを抱きながら思った。

赤ん坊はさかんに成長しているからか、すぐ汗まみれになる。あせもができそうになる。東京では一日一回でよかった沐浴《もくよく》が、午前・午後一回ずつ必要になった。そして、四時ごろには東京でとおなじようにお風呂が必要だった。夫はさしあたり洗濯を全部することになっていた。東京から帰ってみたら、夫は洗濯機をなおし、干し場を改良してまっててくれた。朝、天気をまっさきに気にするのも夫。天気予報を調べるのも夫だった。

「保育所、まだできそうもないわ」

「どうする?」

「市に保育所をつくれつくれといっているだけではダメなのよ。どうしても保育所がほしかったら、自分たちでつくって、それを市に認めさせるのよ」

「というのはどういうこと?」

「考えてみるわ。森崎さん（職場に保育所をつくった友人）たちだってやっていたじゃない」

夫はそんな朝の会話がすむと、とうぜんのように学校にいく。彼の生活はこんなに連続しているのに、私は赤ん坊をつれて、どう生きるかをせまられているのだ。それをいうと、「ぼくは洗濯をしているよ」といい残していってしまった。

自分たちで保育所をつくっちゃおう

赤ん坊をつれての外出はなかなかたいへんだ。おむつや洋服のかえ、のどのかわいたときのさ湯、ガーゼ、ベビー毛布など一式を持っていく。

ある日、近くの公民館で、教育の軍国主義化について女たちが話す機会があったので、赤ん坊をつれていった。散歩以外につれだすのは、これがはじめてだった。

赤ん坊をうしろの机にベビー毛布をしいて、そうっとねかす。さいわい、おきない。会は途中だった。「小学校で鼓笛隊に力をいれているのはファシズムのにおいがする」という発言があった。私は、「そういうめだつできごとの裏で、じつは、授業の一方通行というファシズムが進行していると思う」といった。同感の空気を感じた。

会のすんだあと、田村さん、百合ちゃんなどが、「おかえりなさい」「わあ、元気そうな赤ちゃんね」と私をとりかこんだ。いつにかわらぬ笑顔。彼女たちにとりかこまれてほんとうにホッとした。

田村さんが、「とにかく家にいらっしゃいよ」といってくれたので、みんなでいった。じつは私には言いたいことがあった。頼みたいことがあった。

「小さな保育所をつくらない、田村さん。田村さんが保母さんの支柱になってほしいの。みんなができるだけのことをするから」

「ええ？」という感じだった。聞いてみると、彼女たちは、どちらかというと、「運動」として保育所運動をやっていたという。

「そうじゃない。それじゃ迫力がたりない」って私は思う。私はまず私の問題として、そして、田村さんの、百合ちゃんの問題として考える。生き方の問題として考える。保育所という結び目が現実にあってはじめて、それらの生き方がつながり、せめぎあう。それをしなければ、あるのは理念だけだ。私自身にかんしていえば、私の命がきょう一日を流れおおせるためには、自分自身になりきって仕事に投入する時間が、たとえ短くてもいいから、どうしてもいる、と。とてもよくわかってもらえた。田村さんは「よく考えてみるわ。夫にも相談してみる」といってくれた。

田村さんのご主人は「よくよく考えてからきめなさい。安易に引き受け、安易にやめるのはいちばんよくない」といわれたという。田村さんは一日考えて、「やっぱりやりたい」とご主人にいった。そして、「うちははなれにおばあちゃんがいて、一人にしておくわけにはいかないから、できたら、場所はうちにしたい。だから、人数はせいぜい四、五人しかあずかれないかな」という申し出をしてくださった。話はトントン拍子にきまった。

まず田村さんのうちで共同保育をする。保母さんには田村さんがなり、ときにおうじて友だちがかわる。百合ちゃんの子ども二人、山根さんの子ども、それに私の赤ん坊をあずかる。同時に公立保育所を建てる運動をする。これで私は学校へつづけていける! 一〇〇パーセント不可能なことだって可能に変えることができる! 何人かの女の手で!

はじめての朝、子どもを田村さんにあずけて学校に急ぐときの空気のまぶしさ、風のにおいのかぐわしさ、風にひるがえる木の葉の一枚一枚までくっきりとおぼえている。

学校でも、私は、いままでより五感・六感がよく働く自分を発見してちょっとびっくりした。一つひとつの論文やデータにむかいあって、これは、というものはいままでより入念に読んだし、疑問のところは徹底的にこだわった。ほかの本を読み、論文をしらべ、自分の頭をぶつけて考えていった。ある論文のなかでの疑問点は、もう一つの論文の出発点である。そのアプローチのしかたは、角度がちがうゆえに問題の核心によけい肉迫している。自分がゆずれないものと明確に意識して、志をおなじくする友だちと手足をうごかしてつくりだしたこの時間だからこそ、打ち込んで仕事ができる。このことをかみしめるように心にたたんだ。

さて、いくつかの論文を読んだうえて、自分の視点はどこにすえたらいいだろう？　論文のおりなすアラベスク（華麗に組みあわさった模様）のなかから、とつぜん著者たちが意識したのではないイメージがうかびあがってくる。私はハッとする。この信号は、自然がゆえあって私に発しているのか、それともまぼろしか。「自分の冒険」の出発点である。その信号を胸にいだいて再度、論文やデータを読みなおさなきゃ。

子どもをむかえにいく時間がせまっている。せっかく働きだしたこのイメージを消してはいけない。そのまま明日につなげることができるかどうかが別れ道だ、自分らしさを仕事のなかに盛りこめるかどうかの。そうだ。ノートをつけよう。きょう計算したこと、わかったこと、わからなかったこと、関連した問題点、読みたい論文のリスト。

ノートをパタンととじたときの私の感性は、もう生活の一つひとつのことをこなすために始動しはじめている。このスイッチのON－OFFが肝心だ。まず買いもの。田村さんのうちと私のうちのと二軒分の食料をメモにしたがって仕入れる。田村さんのうちで赤ん坊と二人でお風呂をもらう。新米の母親にとって、首もすわらない赤ん坊をお風呂に入れるのはとてもたいへん。かえって汗がでる。赤ん坊はとみると、とても気持ちがいいらしい。澄んだひとみを私のほうにむけて「ああ」「う〜ん」とおしゃべりをはじめる。その表情、その声の抑揚は、もう人間のものだ。

あらい終わって、あたためてできあがり。田村さんの一年生の子ども・慶ちゃんがよくふいて、うぶ着をきせてくれる。じつに沈着である。私は、はじめてホッとして自分をあらう。その間、田村さんは晩ごはんをつくっている。田村さんのうちが晩ごはんになるころ、赤ん坊と私はさよならをする。うちに帰って大人のごはんの用意。ベッドのなかの赤ん坊のほうをチラチラ見ながら。

市長の部屋が保育室に早がわり

夕食後、子どものことは夫にバトンタッチして、夜道を百合ちゃんの家にいそぐ。公立保育所をつくる会の運営委員会である。田村さん、百合ちゃん、山根さん、鈴木さん、それに私。百合ちゃんの子どもはまだ寝ていなくて、なんども百合ちゃんにしかられている。私たちがむぎ茶をもらいながらおしゃべりしていると、百合ちゃん、「ごめんね、おそくなって」といいながらエプロン姿であらわれる。エプロンはベタベタである。

さて、議題にはいる。公立保育所をどうつくるか。どうしてもつくりたい。

「ニュースを定期的に発行しておなじ町の人びとに読んでもらおう」「市長に交渉に行こう」「できることはなんでも手あたりしだいにやろう」ときめる。一日働いて、疲れも見せずに集まった友だちにあうと、自分にもなにかやれるような気がしてくるから不思議だ。ニュースの編集方針をきめ、原稿を手わけして書くことになった。

書くとき、おなじ町の人たちが読むと思うと、胸がドキドキしてくる。こんなことはじめての体験だ。受けとってほしい思いがあふれているのに、ことばがみつからない。書いては破り、書いては破りしてやっとできあがる。

朝早く起き、ニュースをくばる。一軒一軒の郵便受けに。早朝の町は静かだ。ここちよい空気が気持ちをひきしめてくれる。

夫はおむつをふくめて一家の洗濯をぜんぶ引き受けている。ニュースくばりから帰ってコーヒーをのみながら夫と短いおしゃべりを楽しみ、手ばやく子どもの一日分のおむつ・着がえなどを袋に入れて田村さんのうちに急ぐ。その日は田村さんのご主人がおうちにいらして、「よう！　伸子か、こっちへこい」と抱きとってくださる。お願いして電車にとびのる。電車にのるまえの時間の忙しいこと！　正直いって、私は自分がこのようにも生活できるということを、このときにはじめて知った。時間に飢えるってわるくない。自分の埋めこまれていた可能性が実際に働きはじめる契機になる。自分の関心をとぎすますます契機にもなる。

あるときは仕事を休んで、みんなで市役所の福祉課に交渉にいった。市長とも交渉した。だけど、ことはちっともすすまない。市長は「私は十人兄弟だったが、母親は母性愛にあふれた人でねえ、田んぼをたがやしながらあぜ道で育ててくれたよ」という。これではかみあわない。私たちは保育所がなければ働きつづけられない。市長は、いまの問題とちゃんと向きあって考えてくれなければこまる。

どうしたらいいだろう。夜の会議、ニュースの発行をくりかえす。署名も一般的に「保育所をつくってほしい」というのと、「すぐにもゼロ歳のこの子をあずけたい」という具体的な意思表示をこめたものとの二段がまえにする。再度、市長交渉。

あるとき、市長は約束をすっぽかした。私たちは秘書室にすわりこんだ。といっても秘書室が保育室に早がわりしただけのこと。ちり一つないまっ赤なじゅうたんの上を赤ん坊はよろこんでハイハイする。ある一角では子どもに絵本の読みきかせが始まる。哺乳ビンもあるし、おむつのかえもある。大きい子どもやお母さんたちにはパンがたくさんさしいれられる。これならいつまでもがんばれる。とにかく市長にあって基本的な姿勢をたださなければ。こうして、子どもこみでごくしぜんにたたかった。おなじすわりこみといっても、学生のときのや組合のとは見たところこんなにちがっている。そのちがいに市が当惑していることはありありとわかった。そのことが私たちの意気をあがらせた。

交渉から帰ってニュースをつくる。その日の一部始終、そして、私たちはなぜゆずれないかを書く。一人がこまっても、ほかのだれかが知恵をだして局面をかたちづくっていった。私たちは息があっていた。夫は、はじめ「きょうも朝から勉強していないのか！」とおこっていたが、しだいに味方になっていった。ニュースがくばられると、すぐ市役所では臨時の会議が開かれたらしい、という情報もキャッチした。

こんなふうにして伸子が一歳の誕生日をむかえたとき、青いトンガリ帽子の住吉保育所が誕生した。

私たちは、そんななかではじめて「深く生きた」のかもしれないと思う。感じ、考え、行動する。生活をカバーしあう。手・足・頭・五感・六感……人たるすべてを使った。使いきって生きた。とくにもの心ついて以来、「女はだめ」といわれつづけてきた私たち女が、核家族より広い場で水をえた魚のように動いたことが強い自信となった。

ああ、輝かしい赤ん坊時代よ！

こんなふうにしてはじまった子どもとの生活は、そうとうしんどいものであったことはまちがいない。でも、主観的にはおもしろさのほうが支配的だった。それまでずうっと子どもなしの生活になれきっていた私は、「へえ、子どもってこんなものか」と驚き、おもしろがった。あくび一つだって見ててあきない。もっともらしい。なかでも、どの子にもそなわっている生きるバネのすごさに驚かされた。生きるって、こんなにすばらしいものなのかと、ハッと目を見開かされた。そのことは私がものを考えていく出発点をより深くほりおこしてくれることにもなった。

生後、何か月かの赤ん坊が、腹ばいができるようになりたいとハード・トレーニングをする。また何か月かたつと、ハイハイをやりたいと大それたことを考える。実際に見ているとたいへんだ。手と足の四本をどう連動させようかともがいている。そうしなければ動けないのだから。赤ん坊はいくらうまくいかなくても、この難題中の難題をあきらめはしない。できないと猛烈にくやしがる。またやる。動くという自由を獲得するまで。

また、何か月かすると、こんどは立とうとし、立てるようになると、歩こうとする。「よし、やるで」という顔で歩こうとする。ころぶ、それでもすぐ立って、また試みる……三十分たってもいどんでいる。その間、ふだん大すきな犬のおもちゃにも、母親のニコニコ顔にもクールな一瞥《いちべつ》をあたえるだけ。そして、二・三歩、五・六歩あるけるようになったときの得意そうな顔。「してやったり!」と、彼女の顔も目もホッペタもいっている。彼女は自分のもくろみに成功したのだ。この楽天性、この生命力。

「個体発生は系統発生をくりかえす」という。きっとこのような姿こそ、人類のあけぼのの姿だったにちがいない。このようにしなかったら、どうしてマンモスのような大きな動物にいどむことができるだろう？　このようにしなかったら、どうして矢じりをつくるという難題をみずからに課し、それにいどむことができるだろう？　このようにしなかったら、どうして栽培という忍耐と洞察力のいる仕事に取り組めるだろう？

もうひとつ肝心なことは、人はなにかをもくろみ、困難を乗りこえて、それができたとき、深い満足をえるものだと、赤ん坊の一挙手一投足は語っている。私たちは一人ひとりこんなになにかをもって生まれている、と。保育所の子どもたちをみていたら、幼い子どもたちってみんなそうだ！　とくに健康で心身の調子がいいときには。それならば、学生たちが無気力だといわれているのは赤ん坊のときの爆発するほどの生命力をどこかで奪われたからだ、としか考えられない。おそらくは教育の場と生活の場の両方で。私はこう確信した。

私たち女たちについてもおなじだ。女たちは創造的なことは苦手《にがて》、反復する労働にむいているという。もし現在の女たちが学者先生にそのように見えるとしたら、それはけっしてはじめからではない。一人ひとりはすくなくとも輝かしい赤ん坊時代をもっている。

ある日、二、三歳になっていた仲子に「ごはんよー」といったら、「仲子ちゃんはおしごとちゃん。おかあちゃん、先にたべとき。できるやろー、大人やから」といわれてしまった。彼女は一心につみきをつみあげていたのだ。またある日、「おかあちゃんたち、おりがみって、本のとおりにただつくってるんやろ？　なりたくないなあ、大人に」ともいった。彼女たちは工夫していろんな形をつくりだしていたのだ。

子どもたちには「よその家」なんてない

私は、自分の生んだ子どもにだけ出会ったのではない。私たちは保育所運動のなかで何人もの子どもたちとも出会った。彼らは大人たちとおなじくらい、生きいきとやさしかった。

まえにも書いたように、田村さんの小学校一年の娘さん・慶ちゃんは、毎夕、伸子のお風呂のあと、からだをふいて着がえさせてくれた。ナイーブに、得意そうに。その伸子も五、六歳になってべつの保育所をつくる市長交渉が八時ごろまで長びいたとき、二、三歳の子どもたちに「カーゴメカゴメしましょうよ」とさそいかけ、いっしょにあそんだ。いつもなら、こんなときまでごはんをたべなかったら、グズグズいってたいへんなことになるにちがいないのに。親がのっぴきならない場をともに切り開こうとしているとき、子どもにはそのことがかならずわかる。子どもは主体的に自分の役をこなしていく。

末の子ども・耕は、枚方市に引っ越してから友だちとつくった共同保育所「たんぽぽ」に、産休あけのときからお世話になっている根っからの「たんぽぽっ子」だった。朝、私と「たんぽぽ」に急ぎながら耕はいう。「おかあちゃん、ぼく、いいやろ。五つもたいせつなおうちがあるんや。『いちごのおうち』やろ（わが家のドアのところにいちごのシールがはってあったので）。『たんぽぽ』の大きなおうちやろ。おじいちゃん、おばあちゃんのおうちが二つやろ。それにお山のおうち（おじいちゃん所有の山小屋）」――耕にとってはこの五つが同等なのだ。

また、こんなこともあった。近所の、「たんぽぽ」の友だちのうちで私たちがおしゃべりしているあいだ、耕がそこの敬君のおもちゃをずいぶんちらかしてしまったようだ。私が「耕君、よそのおもちゃをちらかしちゃだめでしょ！」といったら、耕はけげんな顔をして、「ここはよそじゃないよ、敬君のおうちやんか」――お母さんわすれていたの、という顔でいう。耕たちには友だちのうちはかってにあそんだり、ご飯をごちそうになったりする家であって、よその家ではないと感じられているのだ。

私は、ロバート・キャパの『ちょっとピンぼけ』（川添浩史・井上清壱訳・ダヴィッド社）という本のはじめを思いだす。ディエンビエンフをめぐる戦いを世界に知らせようとして亡くなったこの写真家の弟カーネルの「まえがき」を。

私たち家族にとっては　彼のことは　まことに明瞭でした
彼は　私たち家族のものを　友達として扱い――友達たちを　自分の家族ときめこんでおりました

キャパは　私たちすべてによって　共有されるべき遺産を残して逝きました——心の暖かさ　友達への思いやり　そして　彼と共に過した　忘れ難い日日の記憶など——

彼の死を惜しんで下さる皆さまへの感謝として　私たちは　今日より　キャパの家族——すべての友達によって形づくられる　その家族に　あなたを　心からお迎えいたしたいと存じます。

弟　カーネル　キャパ　ニューヨーク

（傍点筆者）

私たちはふつう、なぜ家族の場だけを親密な場だと思うのだろう？　子どもたちの日々のようすは、私たちの文化そのものにするどい疑問をなげつける。

苦労が親たちを緊密にむすびつけている共同保育所では、夕方、よくこんな風景が展開される。ある女の人が職場から保育所に「帰ってくる」けれど、ちょっと目にはどの子のお母さんなのかぜんぜんわからない。なぜといって、子どもたちはだれ一人あそびを中断しないし、お母さんだって保母さんや友だちと話したり、子どものだれかれに話しかけたり……。そして、ゆっくり「自分の」子どもに近づいても、かならずしも「ママ！」などととびついてもらえない。子どもは子どもの世界をもっているのだ。その女の人だって、それをうしろから満足げにながめやって、着がえのかごを整頓したりしている。……それから、やっと子どもはお母さんにうながされて帰るのである。

大学は創造を忘れてしまった

さて、地域にこんな生活をもった私は、翌朝も電車にとび乗って大学に急ぐ。車窓からあるときは青葉が、あるときは林が見える。

大学での生活も、地域での生活とおなじ鮮烈さで私に深い問いを問いかける。

私が勤めていた大学で授業料の値上げが発表された。学生たちはこの発表を取り消すべきだ、といった。私立大学の授業料は高い。そのころ、人びとはいまより貧乏だった。学生たちには、父母が苦しいなかから学費をだしてくれていることがありありと感じられた。

彼らは「これ以上の値上げはこまる」と食堂でもクラスでも話をつづけていった。――もしこれ以上、授業料が高かったら、自分は大学にいけなかったかもしれない。そりゃ、もしかしたら親はそれでも行けっていってくれたかもしれないけれど、ここにいる友だちの何人かとは会うことはなかったかもしれない。大学って、勉強したいって思った人ならだれでもはいれるところでなきゃ、その意味がぐうんとしぼんでしまう。憲法にも教育の機会均等って書いてあるじゃないか。——話しこんでいる学生たちの姿がキャンパスのあちらこちらで見られた。

「一般学生は」と多くの教授たちはいう。「〝一般学生〟は無気力だ」「講義だってわかったのかわかっていないのかわからない」という。そのときの学生たちの動きにたいしても、「〝一般学生〟は付和雷同しているだけだ。〝一部の学生〟が煽《あお》っているのだ」という。だから、学園をもとのようにするのはかんたんだ。二つのグループを離反させ、「一部の学生」を処分すればいい。

そういっている教授たちは気づかなかったかもしれないが、「一般学生」たちは自分を変えはじめていた。彼らは、教育とは、ほんとうはどうあったらいいのか、それを一から自分で考えはじめていたのだ。

食堂のまえで学生たちがビラを渡してくれる。もと「一般学生」たちである。いま、彼らの手づくりのビラには、手づくりの料理や手づくりの道具のように、彼ら自身のメッセージがこめられている。しかも、ビラの内容はクラス討論の深まりを反映してか、日をおって充実してきた。キャンパスのここかしこに、熱心にビラを読んでいる人の姿が見えた。

大学当局は、運動の盛りあがりに対処するために「全学集会」を召集した。全学が集まる会、こんな会ははじめてだ。当局はこの会において、拍手で一気に値上げの承認をとりつけようという目算らしかった。

当日になった。まわりに幾何学的な花壇のある広い美しい前庭が会場になっている。そこにいった私は目をみはった。広い庭が人で埋まっていたから。それまで理学部には学生の運動はなかった。その理学部からもはじめてたくさんの学生が参加した。教師も参加した。

おおぜいの注目のなかで、当局は説明をはじめた。われわれは詐欺をしたわけでもないし、使途不明なお金があるわけでもない。学園の発展をめざそうとしたら、お金がいる。いい先生がたをお迎えし、校舎をたて、設備を整えるには、どうしても授業料を値上げしなければやっていけない、と彼らは説明した。学生たちは発言を求めた。

「あなたがたはいう。教育の質を落としたくないし、赤字もだしたくない、と。でも、そのための矛盾を授業料の値上げや反対者の処分のように、なぜ学生にばかり押しつけるのか。それはおかしいと思う」

「ぼくたちもまじえてじゅうぶん話しあってほしい」

ほんとうにひざをまじえて話しあえば、学生のいろんな悩みもほんとうの気持ちもわかる。大学運営にかんしてもいろんな可能性が見つかるにちがいない。校舎がないなら、テントがけで講義をするっていうのも一つの可能性だ。お金がないなら、教職員の賃金から何パーセントかをさしだすっていうこともありうる。そのうえで、すばらしい教育の場がつくりだされていったら、魅力的な先生もきてくださるかもしれない。私は共同保育をつくっていくセンスでいつのまにかこんなふうに考えていた。

神学部の学生の声にわれにかえった。「キリストは〝神のまえには万人は平等だ〟といった。その深い意味についてこのあいだの講義でやったばかりだ。しかし、授業料の値上げは新たな不平等をつくりだす。それはキリスト教の精神に反するのではないか」——つぎつぎと神学部の学生の熱心な質問がつづく。自分が生涯をささげようとするキリスト教のイメージを求める真剣な声だった。

「もともと私立の授業料は高い。これは政治の矛盾なんだ、と思う。先生たちはわれわれといっしょに本気になって文部省に訴えにいく気はないか。それが憲法の機会均等の精神だと思う」

学生たちの問いはしだいに「人間にとって教育って、そもそもなんなのだろう」という深みにおりていった。それにたいして、理事たちは小さな円陣をつくって打ちあわせをしているらしい。彼ら一人ひとりはキリスト者であったり、教授であったりする人たちだ。なにかを答えなければならない場面である。しかし、すこしたって理事の一人が壇上にのぼり、三十分の休会を宣言した。

再開されてみると、理事はそこにはいなかった。いたのは事務局の人たちだけだった。私は一瞬、その場でおこったことが信じられなかった。でも、どう考えても理事は逃げたとしかいいようがない。学生たちは深く失望した。そして、怒った。心を開いてくれると思ってとつとつと問いをつむいできた元「一般学生」たちは、とくにやりばのない思いにかられた。

当局は、「教育の機会均等」とは、いまの場合、どういうことなのかをその場で答えられなかった。それは、ほんとうは教育者としてこまる。とてもこまる。でも、じじつ、答えられないならしかたがない。それより何倍も重大なのは、答えられなかったから「逃げた」ということである。もし理事たちが「わからない一人の人」にもどって、学生と夜を徹して語りあったなら、きっとその場はゆたかな創造的な場になっただろう。そのことを少なくとも信じる人たちであってほしかった。それが教育という営みの大もとなのに。

会場にはマイクの声がひびいた。「理性的になりなさい」「しずかにしなさい。真理をきわめる場にふさわしく」――理性って、真理って、こんなにつめたいそっけないものなのか。

葉っぱへの求愛

ある日曜日、子どもは駆けだして草原へいった。五月の風はまぶしく、小さな葉っぱ一枚一枚が新鮮だった。彼女は指先で葉っぱとしきりにたわむれている。まるで小犬とたわむれるように。私はゆっくり彼女のところにいく。彼女は私をふり返ったが、指はまださかんに葉っぱとたわむれている。私にはくっきりとわかった。彼女の全身は「これはなに?」といっていた。この風になびく緑のものはなに? このたくさんはえている新しいお友だちの名まえはなに? と。

私も葉っぱにさわり、それから彼女のほうを向いて「これははっぱよ。はっぱ」とゆっくりいった。彼女の目はかがやいた。顔はほほえんだ。そして、ゆっくり、「はっぱ、はっぱ」といった。

この情景に私は強い印象を受けた。そればかりでなく、さまざまなことを考えさせられた。名づけるって、ふつう理性的な行為だと思われている。トマトがナス科とされるには合理的な理由がある。また、星が地球の仲間の惑星だとされるのにも、データの集積による根拠がある。たしかにそのためには静かな作業が必要であろう。しかし、名づけようとする人の心のなかには、この子どもと野原のような豊かな情感の流れがあるにちがいない。とくに大昔、人類がはじめてものに名づけをしようとしたときのことを想像したとき、彼らが理性のみで「処理」していたとはとうてい思えない。彼らの心はちょうど幼い子どものように驚きと共感に波うっていたにちがいない。その感性の波だちが理性をよびおこす、と思われてならない。実際には、その葉っぱはそのまえの日も、彼女の生まれた日もおなじように風になびいていたのだ。でも、彼女はその瞬間、はじめて葉っぱに真新しいなにかを感じとった。つまり、出会ったのだ。

学生たちはちょうどそのような出会い、ラブコールを、教育という営み、大学という場、教授という人間に求めたのではないだろうか。学生の発言をそのように創造への原動力として受けとめ、共感をもって考えていこうという教職員はほんとうに少なかった。（創造にかかわる仕事をしている人たちが、なぜ。）

ちょうどそのころ、私自身の二十四時間の忙しさは頂点に達していた。ありとあらゆることがせめぎあっていた。仕事のアイディアがまとまりかけると、保育所に迎えにいく時間になる。デスクで仕事にノッている最中、学生たちがノックして、「話を聞いてください」といってくる。夕方、家で子どもと折り紙をしていたら、地域の女たちの集会の時間になる。市に保育所のことを交渉にいく日にかぎって仕事を休むに休めない日だったりする。また別の日に、交渉にいって疲れて帰ってきたら、元さんに「きょう、物理、一ページも勉強していないじゃないか。本が朝のままだ」とこわい顔でいわれたり。

こういうことは、いわば小さい矛盾だ。そこでひるむのはかんたんだ。でも、ちょっと心と頭をやわらかくすれば、そして、ちょっとまわりの人を信じれば、この小さな矛盾はひらりと超えられる。

一つのことを中断し、もう一つのことをする。せざるをえない。そのことは両方を中途半端にするのだろうか。そうだ、といわれている。もちろん、一つのことをやりだしたら、だれでも終わりまでやりたい。そのほうが心もやすらぐ。でも、どうしてもやらなければならないことがあって、一つのことからほかのことに飛びうつらなければならないときって、ほんとうはだれにもある、と思う。

私はそれが日常だった。やってみて、意外な発見をした。その両方の体験から、より深い体験が生まれる。じつはそのことは、さまざまな場面でつぎつぎとおこった。ここでは一つの話にとどめよう。

夕食後、子どもと折り紙に熱中してきたとき、私が保育所の集まりにでかけなければならないとしたら、子どもはがっかりするだろう。でも、父親たる元さんがそのとき帰ってきて、「ただいま！　これからお父ちゃんとすてきな本を読もう。おいで！」といったら、どうだろう。子どもはよろこんで元さんのひざにすわるだろう。私はホッとして、ひんやりとした夜道を友だちの家に急ぐだろう。

私と子どもはいい、でも、元さんがかわいそうだ、という人がいる。ほんとうにそうだろうか。彼は彼で真新しい体験をしたのだという。彼はその日のために、本屋でふだんあまり行かない子どもの本の棚へいって驚いたという。「大人だって感動する絵本があるんだね、このごろは」――彼は感にたえないといった声でいった。物質の結晶にばかり感動してないで、絵本にも感動したほうが人間の営みとしてより豊かにちがいない。たまたまその日、彼は徹夜の実験の日だった。で、私が外にいく八時から十一時くらいのあいだの実験を共同研究者にやってもらったのだ。私が集まりから帰ってから二人でお茶をのみ、その日のことをいろいろと、しかし、手短におしゃべりして、彼は自転車にのり、交替のために実験室に急いだのだった。

このように、暮らしのど真ん中の夜の会議は、それを成りたたせたいと願う人たちの真新しい体験のキッカケになる。女も男も暮らしぐるみかわっていける。

大学に絶望して

大学問題を解決する糸口をつかもうと、ある文科系の学部では、助手・大学院生たちが話のわかりそうな教授・助教授たちと夜を徹して話しあった。

「先生、この学校を教育の場として回復させるよう、教授会で発言してください」という若手たちの懸命の説得に、何人かの先生は、夜がしらじらと明けるころ、涙を見せていった。

「ぼくは教授会で発言できない。クビになったら、妻子が路頭にまよう」

先生たちはよくほんとうのことをいわれた、と私は思う。若手研究者にたいする信頼がなければ、こうはいえない。でも、そこまで勇気があったなら、家族に大学の情況を説明して、なぜ「おとうさんは、いま、ほんとうのことをいわなければならない」とはっきり言わないのだろう。それをいうとこわれてしまうような家庭なのだろうか。先生自身はそう思っているのだろう。でも、私なら信じる。人って、もっと深い可能性をもっていると。

理学部で私はいろんな人と、つめて話しあった。「曽田さんはいいよ。妻子がいないから」。理学部では結婚したての人さえおなじことをいった。四年の学生は学生で、「曽田さんはいいよ。物理のなんたるかがわかっているから。ぼくたちは曽田さんみたいに思ったこといえないよ。これからも教授に教えてもらわなきゃならないから」と。私より先輩の研究者こそ、学問的に自立しているはず。ところが、彼らは、「きみはいいよ。物理はこれからだから。ぼくは研究のプログラムのまっ最中で、世界の水準からおくれたくない」と。

こうして学生は学生らしく、教授は教授らしく、夫は夫らしく、妻は妻らしく、子どもは子どもらしく生きるということは、頭を冷やして考えると、ちょうどジグゾーパズルの一つのコマのなかだけに自分の生き方をとじこめるのに似ている。そのなかからは、どうしてこのふちは赤い色なのか、どうしてここは曲がっているのかがまったくわからない。

反対に、毎日の暮らしそのもののせめぎあいのなかに身をゆだねている人には、「なるほど、この赤い色は赤ずきんのぼうしなのか」とわかる。このときの心身をひたすうれしさはなんともいえない。また、きびしさもひたひたと感じる。それが生きるということであり、創造するということではないだろうか。

ある朝、私は理学部の玄関で、大学問題にたいする自分なりの考えを文章にかいて友人とくばった。一人の先生はそれをその場でビリビリとやぶいた。ある先生は読むこともせず、にがにがしい声で「きみはそれでも教職員か」といった。尊敬してきた先生だったのに。友人がちょっと場をはずしたとき、私は腕にただならない力を感じたので、とっさにその腕で紙の束をおさえた。何者かが力づくでその紙の束を奪おうとしたのだ。彼は失敗した。私はいった。「私は思ったことをことばでみんなにアピールしているのに、あなたはそれを力で奪おうとしたのです」——彼は逃げた。

私は感じないわけにはいかなかった。自分なりの教育や研究のイメージをふくらませながら、もはや大学で仕事をつづけることは不可能だった。

病気にもなった。病床で、私はくやしくて、「なんのために、こんなにいろんなことを自分の力量もかえりみずにやったのだろう」と思いつづけた。私が心身ともにいやされたのは、のちにつくった「かたる会」でだった。

●Ⅴ章

とどまれ、この混沌にとどまれ

——大学時代、自分の感覚を育てる

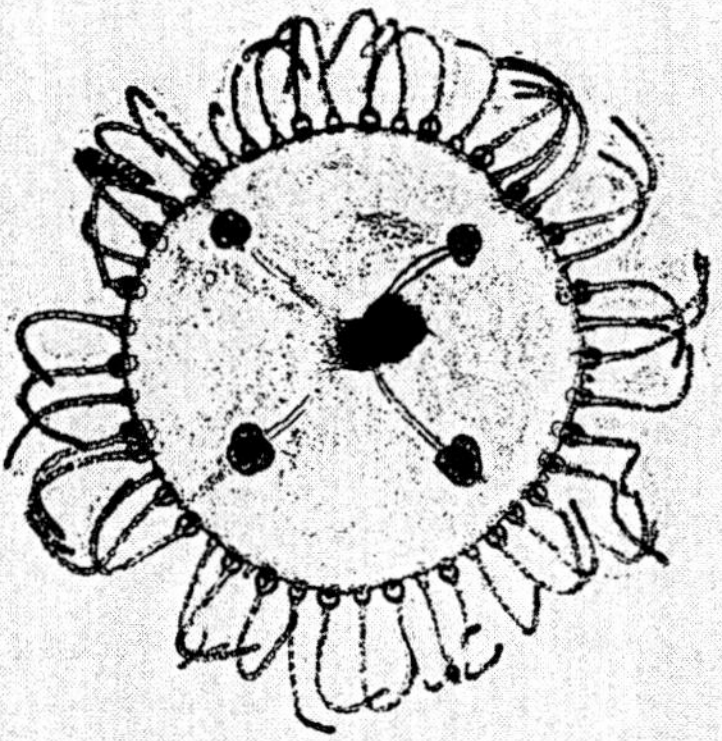

ワクワクする瞬間がほしい

私は理科の大学に行きたいと思っていた。「女の子で理科が好きなら、薬学にいったらいい」という父母や先生の勧めもあって、薬学部にはいった。

一、二年のあいだ勉強することになっていた文理学部の構内は、まるで野っ原だった。東京からはるか電車にのって通学するのだった。日光がふりそそいでいて広い。ところどころの木陰に木のベンチがポロッポロッとおいてあった。その一つで昼休みにはよくお弁当をたべたり、まるくなって歌をうたったりした。草ぐさをなびかせて吹きゆく風を感じながら、アコーデオンにあわせてよく歌った。建物の多くは一階建てで、ときに二階建てのもあり、その野っ原に散在していた。兵舎のあとを利用したそまつなものだった。二階建ての建物では、ときに階下に砂がバラバラと降ってきた。二階の講義が終わって、学生たちが歩きはじめたのだ。はだか電球が暗くて、日没がそのまま講義の終わりだった。

一歩、構内にはいったとき、まっ先に大きな「タテカン」が目にはいった。驚きながらはいっていくと、野っ原の目ぬき通りにはいくつもあって、学生たちが演説していた。勤務評定反対闘争のまっただなかだった。高校時代となんというちがいだろう！　高校時代には定時制の人たちと交換ノートをつけることも禁じられていたし、ビラ一つ配るのも許可が必要だった。どっちが望ましいのか。こちらにきまっている。いいたいことを青空の下でいうのは気持ちがいい。私は思った。父は、「アカぎらい」で政治活動も極端にきらっていた。私もそういう育てられ方をしたが、それはヘンだと感じはじめていた。私は浪人中の元さんに、そんないろんなこと、感じたことをとりとめもなくおしゃべりした。

講義に私は期待していた。教室での私は、劇場で開幕を待つ観客のようだった。哲学では先生自身の生き方と哲学史をクロスさせて話してくださると思い、数学ではテクニックを生みだすその奥の沸騰《ふっとう》するような雰囲気を示してくださると思っていた。きっと、そんな思いいれのせいにちがいない。先生がたはふつうに講義してくださったにもかかわらず、私はその雰囲気にも内容にも失望した。この思いいれには高校時代の体験が反映している。

私が大学進学をきめたのはおそかった。高校三年の秋もなかばになろうとしていた。もともとは、手さえうごかしていれば幸福だった。ものとの出会いがなんともいえない。それに比べて勉強って、二番せんじ、三番せんじみたいでなにかさえない。ほとばしりがない。で、当然、手仕事で生きていこうとしていた。

ところが、高校の友だちの生き方は、勉強のイメージを根っこから変えた。彼らは、朝、いつも興奮しておしゃべりしていた。星について、数について、力学について、哲学者たちについて。そのおしゃべりのタネを夜ごとに仕込むらしい。つぎの日の手あわせのために。

へえ、勉強って楽しいものなのか。熱中するにあたいするものなのか。一方、先生がたはいった。「女はなんでもほどほどにやりなさい。熱中したら不幸のもとです」と。私は混乱した。悩んだ。ムキになって自治会をやった。学園祭の準備をした。

そのなかから見えてきたことがある。なにごとも中途はんぱではけっしておもしろくない。できたものだって、どこかわざとらしく、もろい。おもしろく感じられるところまで自分をおしだして作業して、やっと新しい世界を垣間みられる。新しい自分も発見できる。このことこそが、生きるっていうことだ。先生のいう「不幸」ってどういうことか知らないが、「不幸」になってもいい。たった一人でもいいから、私は自分の感覚をきたえ、それを信じてやっていこう、と決心したのが三年の秋。こうやってはいった大学だから、中途はんぱな勉強では私の心がいやだというのだ。大学には、高校で友だちが見せてくれた身も心も揺さぶられる勉強はないのだろうか。

物理に夢中になって

同級生の馬被尚子さんと親しくなったのは、入学してから一か月以上たってからだった。色が白く、ほっそりしていて、一見、もの静か。私とはまったく対照的だった。学校からの帰り、四十分もかかる電車のなかで、彼女はまえの席があいたとき、「私はすわらないの。このほうが本が読めるから」といった。それを聞いて、私は、自分にない彼女の生き方を感じた。彼女は姉妹でおじさんのところに世話になっていたが、高校時代からアルバイトをして自分たちの文房具を買い、妹さんの制服もつくってしまうような独立心の強い人だった。大学への受験勉強はぜんぶ電車のなかで立ってしたという。そのころだって「四当五落」ということばはあったのに、である。馬被さんは、笑うとき、じつに爽快《そうかい》に笑う。私はその美しい笑顔に深い印象を受けた。

その馬被さんに連れられて、三宅良一先生の「統計力学」のゼミにいった。「統計力学」というのは、われわれの感じる「温度」や「圧力」とはそもそもどういう量なのかを、微小な分子たちが莫大《ばくだい》な数あつまって運動する世界に立ちいたって、それらの運動の総和として「統計的」に考える分野である。薬学とは直接には関係がない。なのに、夜、三宅先生をはじめ若い研究者たちがみんなときを忘れて莫大《ばくだい》な数の分子たちのことを論じている。だれも分子たちの統計力学的なふるまいをこの目で見た人はいないし、そのなかにその専門家もいないので、だれもかれも自分の頭のなかの分子たちの統計について想像をたくましくするのだった。

部屋を見まわすと、黄色がかった電燈の光を反射して、さまざまに光る手製のガラス器具が昼間より生きいきと見えた。ちょうどそのように、そこで話されることばもいつもとちがった生命をもっているかのようだった。

毎週、金曜日になると、馬袚さんと山田和子さん、それに私は、講義がすんだら電車にのって薬学部にいき、明治時代からあるのではないかと思われる食堂に寄り、夜、はじまるゼミをまつ。

私は、そのことがキッカケになって物理に夢中になった。でも、女には物理がわかるはずはない、という大人たちの思いこみは、高校・大学をつうじて私たちの胸のなかにはいり込んでいた。

「元さん、私も物理をやりたくなった」

「やりたければやったらいいよ。ぼくもやりたいとまえから思っていた」

「でも、女でもできるかしら」

「現にきみはいま、おもしろいといっていたじゃないか。そう思ったときは物理をやっていたんだ、たしかに」

物理のファンであることは簡単だ。でも、生涯、物理で生きるとなると、どうなのだろうか。私はそのことで悩んだ。親からも、「理学部にいくものじゃない。そうしたら四十二歳になる（四十二歳になっても結婚できないだろうという意味らしい）」といわれた。

親にしてみれば、心配なのだろう。でも、私は自分の納得のいくように生きたい。私の一生なのだから。でも、はたしてできるのだろうか。日本の物理の草わけとなったさる大家は、青年時代、一年間、座禅をして考えたという。東洋人にも物理はできるか、と。私は勉強してすこしわかると狂喜し、すこしわからないと、どこまでも沈んでしまった。ある若い研究者（男）に手紙をだした。「私でもできそうでしょうか」。その長文の返事には、「大学を卒業するくらいまではできるでしょう。基礎ですから。お茶大にもガンバッテいる人がいますよ。でも、研究生活となると、大の男でもウンウンいってやるほどたいへんです」と書いてあった。

心の奥を励ます学問に出会いたい

三年になって、薬学の専門の講義がはじまった。薬学部の建物は古めかしいなかにも落ちつきがあり、また、研究室には活気がある。

講義の一つひとつを期待をかけてまえの席できいたが、どの講義にもノリきれなかった。それはどうも私の感じ方と密接な関係があるらしい。小学生のとき、ご飯を食べながら、「なぜ米がたべられることを人は見つけたのかしら」「スベリヒユはずっと雑草だったのかしら」などといって弟たちに笑われた。おいしいご飯があり、人が食べてるっていうとき、そのあいだの関係にどこまでもさかのぼって思いをはせるくせが私にはある。その途中でいろんなドラマに出会うのが、また、なんともいえないのだ。

ところが、薬学部でそのときにきいた講義は、ことが機能的にはこばれていく。ある講義では、製薬会社の人がやってきて、黒板中を「亀の子」(分子構造)で埋めた。質問すると、「これはこれとして覚えてください」といった。専門的ということは、知識をたくさんならべることなのか。ならんだものどうしの関係も、それと人とのかかわりの歴史ももっと知りたい。

一週間たって、すべての講義をひととおりきき終えた瞬間、心が乱れた。私は自分の心の奥と一生懸命に相談した。その結果、これ以上、薬学部の学生でありつづけることはできないことを知った。物理に転部しよう。私はその場できめた。といっても、あてはぜんぜんなかった。

友だちは、「なぜ?」「どうして?」といった。伝統ある薬学部にいたら、技術も身につくし、就職にもこまらない。社会にも信用があつい。いいことづくめだったから。私もかつてはそういうものを求める気持ちもあって、ここにはいったのだ。けれど、講義をきいても、肝心の私の心のなかに冷えた部分がのこる。心の奥をはげます学問、それがそのころの私にとって物理だった。

決心して物理の先生に会った。はじめ先生は、「こまったな、このお嬢さん。人間関係のトラブルでもあったの」といわれた。が、いろいろ話して本気だとわかってくださった。

「物理教室の先生がたにひきあわせましょう。後日、もう一度よびますからきてください」

二、三日後のことだ。薬学で硫酸銅の秤量の実験をしていたら、物理の先生によばれた。ドキドキしていくと、十人ほどの先生がいらしていていろいろ質問なさった。それが口頭試問のかわりらしく、正規の転部試験はもうとっくに終わっていたのに、好意でいれてくださった。うれしい！　私はまた野っ原のキャンパスにもどった。元さんはそのドラマの最中、スキーにいっていた。元さんにながながとした手紙を書いた。すぐに返事がきた。すごく喜んでくれた。「それにしても、ぼくがスキーにいっているあいだに、こんな重要なことがきまったなんておもしろい」と。

物理では数式をことばとして使う。そのために、一、二年生のあいだに物理の学生たちは特訓を受けていた。三年の途中からはいった私には悲しいことに、そのことばがわからない。下宿していることをさいわいに、私は猛然と勉強した。ある日の講義がチンプンカンプンだったので、そこで使われる一連のことば＝数式の本を買い、つぎの週のその時間までに、その一冊を勉強してしまったこともあった。そのつぎの週におなじ先生の講義がスラスラと耳にはいってきたときは驚いた。「きききみずきん」をかぶったようだった。

こんなふうにして暮らす一週間、一週間には固有の存在感があった。私の目に見え、頭で考え、心で感じることのできる世界は一週間、また一週間と広がり、深まっていった。

近しい人が共感を示してくれると

そのなかで私はすがすがしく生きかえった。心身の暗雲はみるみる晴れた。心身が健康になった。それからパッタリと元さんに悩みでこねたような手紙を書くことはやめた。

こういう感じを、私はそれから何度か味わった。やっていることが自分とあわないとき、私はすぐそれを身体的に受けとめる。不健康になり、感受性も凍りついたようにうまく働かない。しかも、自分はもともと内向的なたちなのだ、と思いこんでしまう。でも、思いきって生活のスタイルをかえる。いる場所をかえる。すると、自分のすべてが活動的に働きだす。思ったり、考えたり、作ったり、人に会ったり、それまでだったら考えられないことをやりだす。あっ、こういう自分も自分なのか、と驚き、あきれる。そして、思う。人って思ったより変身できるんだなって。このように変身できるのが人たるゆえんなのかもしれない。

人として生きるというのは、今日より豊かな明日の存在を信じること、願望すること、そして、それに向かって一足ふみだすことなのではないだろうか。

でも、そのような私の心の働きは、生まれたままの私がもっていたのではない。人が自分をとりまく環境のなかから、自分なりに歩こうと身じろぎするためには、どうやら、人からたっぷり信じてもらい、たっぷり共鳴してもらえる「小さな場」がいるらしい。

このこととの関係で、元さんの存在は私にとってたいせつだった。彼は私をリードしてくれたのではない。また、彼は「女は解放されなければならない」といったのでもない。ことばすくなに、私のジグザグした心のゆれに共感してくれたのだ。とまどいながら。

元さんは一年浪人してめざす大学にはいっていた。日曜日になると、私たちは駿河台の東京堂などで待ちあわせして、一日中、古本屋をまわり、おしゃべりした。

実際、不思議なことだ。元さんと私がおなじところでおなじものを見ていても、そこに連なる心の世界はずいぶんちがうはずだ。二人がおなじ物理の問題を解いて感動したとしても、女である私には、「この一歩先は闇かもしれない」とか、「物理というものの見方は男が築いたものだから、女はそこにはいれるはずはないし、また、はいることが不幸のもとになる」とかいう思いが、その感動を飲みこむようにおそってくる。

私はそんないろんなことも元さんにいった。元さんにとっては、そういう私の感じ方は未知な重い世界であろう。そのことを私の一つひとつのことばから元さんも知っていく。それしか元さんにはできなかっただろう。

女の問題は一人ひとりの女自身が切り開いていくのだと思う。そのためには勇気がいる。近しい人がそのことに共感を示してくれれば、生きる力が湧いてくる。でも、こういうことは、あとになってわかったことだった。

自分らしさを芽ぶかせたい

物理教室での、はじめの夢中な何か月かがすぎたころ、こまったことがいくつかでてきた。一つは、物理教室は新しいので、まだじゅうぶん講義が整っていないらしいことだった。元さんとお茶の水の本屋の物理のコーナーにいってみて気がついた。とうぜん読めると思っていた本が読めないのだ。もっともっと一人で勉強しなければならないらしい。私にできるだろうか。

もっとこまるのは、先生がたの態度だった。「この大学の物理にくるような学生は劣っているから、せめて学生時代をおとなしくすごして、思想穏健ということで会社に気にいってもらわないと、諸君はどこにも就職できなくなる」という先生がいた。また、べつの先生は、「予備校の生徒のほうが諸君より優秀だ。教えていて予備校のほうがたのしい」といった。

人間って、そういう場にいると、一人ひとりのもっている輝きは深く深く心のなかにしずんでいってしまう。私は自分にも友だちにも、「こんなふうにしていたらだめだ。なんとかしなければ」と思いはした。でも、それはすぐかき消されてしまう。それにたいして、だめなのだという雰囲気はビッシリと重く、心のなかにも教室にもたちこめる。このようにして私たちは囲いこまれるのかもしれない。それが恐ろしい。恐ろしいだけでなにもできない。

元さんや馬袚さんに会っているときは、こういう重苦しさが消えた。彼らはまさに自分の未来を自分で創ろうとする輝きに満ちていた。見ていてたのしい。でも、私は……と考えると、そのコントラストにハッとする。

そして、わかった。彼らが一年まえとかわらずに私にそそいでくれる微笑やまなざしによって。私は物理教室をおおっている雰囲気をいつのまにか絶対のものとして受けいれていたのではないだろうか。その秩序を疑うこと。なにをおいても疑うこと。そうしなければ、どんな意味での自分らしさも芽ぶきはしない、と。彼らは、意識はしなかっただろう。でも、たしかに私の精神にもう一度、動きをよびもどしてくれたのだ。

六〇年安保の渦のなかで

人の一生はらせん状に彫りこんでいくものらしい。まわりの秩序から身をはなして、自分の物理を自分の力で輪郭あるものにしようと私が決心したとき、世の中では、あの六〇年安保闘争がはじまりかけていた。

新聞や雑誌の論調、そして、なによりも学内に急にふえたタテカンや演説は、「この安保条約は米国との軍事同盟にほかならない。日本はソ連や中国もふくめて安保条約をむすぶべきだ」などを告げていた。心ある若ものなら、自分たちの民族の運命をきめるこのときに、外にむかって発言すべきだ、とこれらの雰囲気はいう。でも、と私は思っていた。どうしてもいまは納得できるまで勉強したい、と。自分の心のなかに物理の内実を少しでも結晶させよう、と決心していた。

ところが、五月十九日に岸内閣が安保条約を衆議院で強行採決したことが、日本中の人たちの怒りを触発した。「戦争への道を二度すすむような重要な運命の選択を、自民党だけが単独で、しかも民主主義の原理を破って採決するなんてけしからん」と、私たちのようなふつうの市民が心を揺さぶられた。おりもおり、日本の基地にアメリカのU2機という偵察機が配置されていることがわかり、「戦争への道」を乱暴にすすむ岸首相に抗議する世論に油を注いだ。

そのときの私たちにとって、戦争とは抽象的なことばではなかった。ほんの少しまえの空襲とおなじことだった。親しい人びとの死であった。子どもたちが孤児として寒空にとりのこされることであった。米がなくなり、野菜がなくなり、塩までなくなることだった。

私も小学校（そのときは国民学校といっていた）一年にはいったばかりで空襲にあい、焼夷弾の降るなかを逃げた。焼夷弾は川におちると、ジュッジュッと湯気をたてて消えた。やっと大きな屋敷の影でほっとしたと思ったら、メガホンをもった男の人が、「こんなあぶないところにいたらだめだ！　逃げるのだ！」とどなった。母は三人の幼い子をつれてあわてて郊外へ逃げた。走って走ってふりかえると、さっきの屋敷は焼け落ちる寸前、仕掛け花火のようなすごい最後の姿をしていた。夜明けに飛行機は去った。家までたどりついてみると、家のまえの通りにそってあるはずの家が一軒もない。ぜんぶ焼けていた。しかも、うちのまえの大きな防空壕が直撃弾を受け、そこに避難していた全員が亡くなられた。父と兄は元気だった。近所の屋根にのぼって水をかけ、類焼を必死でくいとめていた、という。

小学校一年の夏、敗戦とわかったとき、もう空襲はないんだと喜んだ。ところが、社会科でたいへんなことを習った。この戦争は日本が仕掛けた侵略戦争だという。日本は、私たちがこおむったより深い悲惨をとなりの民族にもたらした。私たちの近しい人たちが平和に暮らすとなりの国の村むらで、略奪・虐殺・破壊……ありとあらゆるひどいことをした。それがこの戦争の真実だったのだ。申しわけない。悲しい。

大人たちはいった。「悲しがらなくてもいい。日本はもう二度と戦争はしない。その決意を憲法のなかにきちんと書いているんだから」。また、こうもいった。「これからはふつうの人がじゅうぶん話しあって世の中をつくっていく。それを民主主義というんだ」――それが社会科の授業だった。「みんなが話しあって国のことをきめていくなら、戦争はもうおこらない」とホッとした小学生のときのことを、私はいまもありありと思いだす。

こういうことを政治というのなら、その後、政治はいつも私の感性の届くところにあっただろうか。そうではなかった。家にかえるなり、「何か食べものちょうだい」といっては母をこまらせた時代も終わり、物資がでまわってくると、私たちは政治のありようと自分自身の感性をかかわらせることをしなくなった。父は左翼ぎらいだった。私は政治にかかわらない女の子だった。ほとんどの人とおなじように。でも、それは表面だけのこと、私の心の奥には敗戦直後の、あの気持ちは根づいていた。

はじめて国会へデモに

岸内閣は国民ひとりひとりの心の奥の扉を乱暴に引きちぎった。彼らは敗戦のときの出発点である戦争放棄と民主主義を反故《ほご》にしようとしている。私たちは怒った。みんなが怒った。平和を守っていけるのは私たちをおいてない。一人ひとりが、未来を創るためになにかをしないではいられない気持ちになった。

私は、はじめて国会のまわりのデモにいった。なんとまあ、たくさんの人たちがきていたことだろう。あの道もこの道もずうっと人びとが埋めつくして、思い思いのデモをしている。それに、なんといろんな人たちがきていることか。たくましい筋肉の労働者たちのデモ、学生たちのはげしいデモ、それにまじって、黄色の衣服をまとい、太鼓をたたくお坊さんたちがいた。色とりどりの服装をした新劇の女優さんたちがいた。長野県から十数台のバスを連ねてやってきたお百姓さんたちもいた。はじめてデモをする高校生もいた。それらのデモ隊がすれちがうとき、おたがいに手を振り、拍手をしてあらんかぎりの激励をしあった。私もいつのまにか手が痛くなるほど拍手をし、声がかれるほど激励していた。

不思議だ。まっ昼間にこんないろんな職業の人たちが道で出会うなんて、ふつうならありえないことだ。まして職業のわくの外へでて、自分の意思をはっきりいうことはひじょうな勇気を要する。この人たちもついすこしまえまでは、黙々と仕事をしていたのだ。思いを心にとじこめたまま。

私たちは暗黙に大人たちからいわれていた。大人になったら、自分の家族と自分の職分のためだけに生きるのです、と。そういう大人は、みんなおなじような顔をしているように見えた。けれども、その日、私が見た大人たちはぜんぜんちがう。明るい。生きいきした目をもっている。躍動的だ。おたがいにやさしい。

それらすべての特徴を、私はいままでに知っていた。高校で学園祭の準備をやったとき、大学で統計力学のゼミをやったとき、まぎれもない、その雰囲気があった。その雰囲気は、自分の意思で選んだことを仲間と全力でやっている人たちに特有のものなのだ。人がもっとも生きいきとしているときに特有のものなのだ。だから、それは小さなグループのなかにしかないのか。そうではないのだ。いま、こんなにたくさんの人たちが白日のもと、生きいきと未来について全身で発言している。すごい、人間って。きっと未来は変わるだろう。人間的な社会に。こう思わせるなにかを、この巨大な人の渦はもっていた。

この時期、ほんとうに人びとは自分の家族のことのように、民族の将来に思いをよせた。自分のつくった作物のように国会のまわりが気になった。時間があったからといっては国会のまわりに足をはこび、そこにどんな人たちがきているのか、どんな気配なのかを感じようとした。平和をつくるのに、私たちにどんなことができるのかを感じあい、考えあおうとした。友人からの便りのようにドキドキして新聞記事を読んだ。自分の目で実際に見たことが、自分の心でありありと感じたことが記事としてでているのだから。

ある日のデモで、新劇の人たちと出会った。彼らはめずらしい歌をくりかえし歌っていた。つぎに、何小節かずつくぎって私たちに教えてくれた。それはきいたことのない歌だった。できたばかりの歌だったのだ。

立ち上がるときだ　たいせつなときだ　今
子どもたちの未来のために

憎しみの火　燃えあがらないうちに
ひとあし早く絶やしてしまうのだ
立て　立て　立ちあがれ　立ちあがれ

ひとりの女子学生が死んだ

六月十五日にも、私たちは国会のまわりにデモにいった。

前日の午後には、大学構内はデモの準備の風景がくりひろげられていた。物理教室でも私たち学生にまじって、教授はじめスタッフたちも、のこぎりでベニヤ板を引いてプラカードを作ったり、救急箱の用意をしたりした。

当日、国会のまわりでは、いつものようにデモの人たちのあいだに盛んな交歓があり、激しい意思表示があった。

が、その日、四時ちかくなり、生あたたかい空気が冷気をおびるころ、目についたのは右翼のトラックだった。トラックのうえには若ものがいて、まっ白な紙にタイプ印刷したビラを紙ふぶきのようにばらまいていた。私たちのビラはザラ紙にガリ版ずりであった。そして、一枚一枚ていねいに手わたした。自分たちでお金をだし、文章を考え、刷ったビラなら、そうなる。

右翼の若ものが空に向かってバラまいているビラは、おそらく彼らが作ったものではない。当然、どこからかお金がでているのだ。

私は夕暮れの国会の議員会館まえのびっしりとした人波のなかにいた。ふいに人びとの大波が道の両側によけた気配を感じて、私はなにがなんだかわからないまま、反射的に身をかわした。その瞬間、私の背中から五〇センチのところをトラックが疾走してきて、音と砂のまざったすごい風を残してまえへとつっこんだ。すぐ先で、何十人もの人がけがをしたという。トラックは横倒しになり、右翼はそこからとびだしてきて、くぎを打ちつけたこん棒を無抵抗な人びとにふるった。機動隊は知らん顔をしていたという。

ことは、そのままではすまない。暗くなっても学生たちは立ち去らなかった。闇がたちこめた。学生たちのあるグループが抗議集会をしようと国会の庭にはいったところを、機動隊が襲いかかった。その学生たちは頭をこん棒で、「まきをたたき割る」ように殴られ、女子学生の樺美智子さんが殺された。

「けがをした学生は数えきれない」「血に染まった学生たちがたくさん手当ても受けずに逮捕された」——すこしはなれた私たちのところに、凄惨な事実がつぎつぎに伝えられた。

一人の女子学生が死んだ。その朝、私たちとおなじように家をでた一人の女子学生が死んだ。私とおなじ年の人が。なぜ私ではなく、彼女だったのか。私はぬれねずみになりながら立ちつくしていた。いつしか降りだしていた雨が、激しく打ちつけていた。地上のすべてのものを。

翌朝になった。機動隊に女子学生が殺されたことを知った人びとは、早朝から国会のまわりにとるものもとりあえず集まった。黒い傘で国会は埋めつくされた。黒い傘は喪章である。雨は人びとのしめやかな憤りを表わすかのように降りつづいている。重くて激しいデモ……。

正午まえに、「アメリカのアイゼンハワー大統領の訪日は中止されたぞ」というニュースがいなずまのように流れた。一人の女子学生の死とひきかえにしてしか中止されなかったのだ。アメリカの大統領の訪日は。

六月十八日、何十万人もの人たちが国会をとり巻いてすわり込んだ。国会のまわりは広場のように、お祭りのように、人びとのエネルギーでむせかえった。外からこの場に通じる道は、右翼がこないように学生たちが警備にあたっていた。私たちはそのなかで徹夜をした。

安保条約は、参議院での審議なしに、こういう事態のなかで午前零時に「自然承認」された。

とどまれ、この混沌に

何百万という人たちが、全国の津々浦々で反対の意思を多様な行動ではっきりと表現したのに、こうして安保条約はとおった。

「安保は生まれたときから死んでいた」という人がいた。「いや、安保は仮死状態なだけだ。われわれが手をゆるめたら生きかえる」という人がいた。

こうして不本意に「政治の季節」は終わり、一人ひとりの人にとっての固有の問題が残された。「明日からどう生きるか」——これがその問題である。

私は物理を学ぶことで生きていくことをきめた人間である。それが、あのような大きなドラマを体験することになった。私のなかでなにが変わり、なには変わらなかったのだろう。ざわざわと波だつ心をかかえたままでは、「金属のなかの電子は……」というふうに心は働かない。いや、そのように心を働かせてもいいものだろうか。

気がつくと、四年の秋だった。就職のシーズンである。人びとは表面は勉強しているように見えた。

「会社の面接で、〝安保条約をどう思いますか〟って聞かれた。ひどい！」などと学生は話しあっていた。ある学生は、面接で会社の人とけんかしてみごと不合格になった。薬学部の友人はつぎつぎと就職をきめた。公務員試験を受けた人も、大学院を受けた人もいる。彼らは、物理の人とちがって、いずれの道を選ぶにしても、ゆうゆうとしていた。この大学の薬学部は老舗《しにせ》だもの。私はどうするのか？

私は心を矛盾だらけにしたままだった。そして、ぶざまな自分を実感するだけだった。その自分をそのまま会社の面接にはこんでいくことはできなかった。痛切にお金がほしかったのだけれども。なにものかが「とどまれ、とどまれ。この混沌にとどまれ」と心のなかでいうのだ。私がぼうっとしたまま日に日をついで考えていたのは、私は大人としてどう生きるかということ。かりに「大人＝職業につく人」という定義があるのなら、「一つの職業とはなんだろう」ということだった。

ある仕事が自分にあっている。だから、それを職業にする。それはたいせつなことだ。職業生活のなかで自分の資質がきたえられる。そのために人はエネルギーを投入する。これは基本だ。でも、その一人の人の職業生活は、その外に暮らす人にとって、はたしてどんなものなのだろうか。外からは、堅く閉ざされたものでしかないのだろうか。実際、ほとんどあらゆる職業は、安保の闘いが壁をとかすまで堅い殻をかぶっていた、といえないか。

人は喜びも悲しみも、生きる心意気もその職業にこめる。でも、堅い殻は、そのすべてを閉じこめる。その人の生きてこの世にあるしるしは外には届かない。これでいいのだろうか。

風とおしのいい生き方を求める

私は、このとき、デモで外務省を取り囲んだときのことを思いだしていた。岸内閣が民族の運命を戦争へと傾け、民主主義を破ったことにじっとしていられなくて、私たちは外務省へいった。労働者は仕事を放棄し、学生は勉強をやめ、商店の人はお店をしめていった。お坊さんは太鼓を鳴らしてあるき、人形劇団の人たちは人形をデモ行進に参加させた。お百姓さんはムシロ旗を立てて、遠くの県の人たちはバスを十何台も連ねてやってきた。

夕闇につつまれた外務省のまえには、こういった人たちの思いがうずまいていたのに、私たちのまえに現われる外務省の職員は一人としていなかった。・私たちのまえには、ただ明りのついた規則正しい窓などが黒い建物のわくぐみのなかに見えるばかりだった。あの一つの窓のなかにも人間がいるのだ。彼らはミスのないように文書作成にはげんでいるにちがいない。それは彼らの誇り高い仕事であろう。彼らはやさしい人であるかしれない。家庭ではよき父であり、よき娘であるかもしれない。でも、そのときの忙しい仕事の内容は、いうまでもなく安保条約にかかわるものである。

一方、私たち何十万何百万の人びとは、その安保条約の軍事的な内容と異常な手続きに反対している。新聞もそのことで埋まっている。そして、そのときも、何万人もの人びとが、それぞれの職業的な営為をやめてでも、そこにきていたのだ。彼らにそのことが問われないはずはない。職業人としても、もちろん。そして、その根底では人間として「この作業をいまやっていていいのか」が問われないはずはない。

私はそのなかでこそくっきりと読みとったことがあった。職業生活はたいせつだ。でも、人びとにはそれよりたいせつなことがある。それが、あるとき、あらわになる。それは人びとの共通の運命にかかわることである、と。そのことを心の核として取りこみたい。真珠貝が堅いものを取りこむように。

自分の生き方のなかに風とおしを求めよう。他者の生きる喜びや悲しみ、そして、生きる心意気が伝わってくるように。そして、人びとに共通なたいせつななにかを求めたい。そして、それにささやかな表現をあたえたい。自分の生き方の中心は職業生活であるとしても、それがすべてではけっしてありえないと思い定めた。

やっともう一度、物理にもどれる、という気がした。

私にとっての物理とは

防衛大学校の助手にならないか、という話があった。研究の自由は保障する、と。ほかの大学からのさそいだったら、どんなにいいだろうと、お金もほしいし、研究もしたい私はため息をついた。けれども、私はその話をことわった。先生たちの何人かは、「彼女は理想が高いんだよ。平和とか自由とかいって。あれは優秀な学生のいうことだ」といった、という。

ことわって、私はどうするのか。「物理とはなんなのか、私にとって」という課題を選んだ以上、一度、物理の内側に集中して、そのことを煮つめてみたい。それには時間がいる。師もいる。そして、場がいる。私は決心して、ある大学院を受けた。

受かるわけもない。三年の途中で転部したハンディもあり、学校のハンディもある。四年のときは安保で、ほとんど物理とおつきあいしなかった。実際、試験場で数学の試験用紙がくばられたとき、歯の立つしろものでないことがすぐわかった。このとき、私ははじめて試験で「あがる」という体験をした。

口頭試問もある。その部屋には第一線の先生がたが十人以上いらして、四十分にわたって、「どんな（物理の）本を読みましたか」「どんなところがおもしろかったですか」と質問したり、ときに応じて、「じゃあ、こんな問題はいかがでしょう?」と関連した問題を黒板にだす。受験生は壁中にしつらえた広い広い黒板に向かって、大先生をまえに油汗をながしながら問題を解くのだ。

私の番になった。私のときはヘンなぐあいに進行した。ある本の感想を求められて答えた私のおしゃべりに、先生がたがはじけたように共感された。ときならぬおしゃべりの渦。後半は先生も私も、笑いっぱなし。笑いがうねりのように高まり、また、しずまるなかで問題がだされ、私はそれに答えて計算した。終わって時計を見たら、一時間二十分もすぎていた。

そんなわけで、落ちても悪い気はしなかった。が、母校ではそのようには受けとらなかったらしい。落ちるとわかっていて大学院を受けるだけでも恥さらしである。しかも、ほんとうに落ちてくるなんて、なんと本校の名誉に反したことをやらかすのか、というわけだ。

母校の名誉なんて！　納得のいく生き方をさがすためだったら、いくらでも母校の名誉に反しよう、と私は思った。問題は納得のできる生き方である、私自身の。

こうして再度ふりだしにもどってしまった。

「本気で勉強したいのなら、もう一度、来年、おなじ大学院を受けることをぼくはすすめる」と研究室の鐸木《すずき》康孝先生は、熱心におっしゃった。元さんもいった。

「ぼくも先生がいわれるとおりだと思う。もう一年やってほしい、とぼくも思っている」

当然、私は本気で勉強したい。もっというと、本気で勉強するとはどういうことなのか、つかみたい。だから、しみじみありがたかった。私がいちばんありがたかったのは、私に信頼をよせてくださったことにたいしてである。

では、経済的にはどうやって食べていったらいいだろう。父はもうすぐ退職する。それでなくても、大学を卒業して、まだ親に食べさせてもらうなんて、私にはできない。

そのとき、ありえないことがおこった。いや、鐸木先生がおこしてくださった。母校の教務職員のポストにつけてくださったのだ。ほかの先生がたは、「本校の学生に勤まるわけがない。

本校の学生でさえなければ、ほかのどんな大学から人を呼んでくださってもいいが」と大反対だったという。そういえば、スタッフのなかに「本校の卒業生」はいない。私は憤りをとおりこして、そんなことをいう先生がたが哀れに思えた。鐸木先生が、「とにかく仕事がきちんとできればいいのでしょう」とがんばってくださったので、「これを前例にしない」という条件つきで、ほかの先生がたはしぶしぶ認めざるをえなかった、という。

うれしい！　これで食べていける。大学院にも受験できる。私は緊張しながらも、自分と自分をとりまく状況をじっくりと見た。鐸木先生の期待にそむかないように職務をこなし、私自身の物理と、とくに数学を、こんどは受かるところまでもっていく。でも、そんなことはもともと無理なのか、それともやりようによっては可能性もあるのか、当時はわからなかった。私にわかっていたのは、文字どおり、できるだけのことをしなければならないところに私は立っている、ということだけだった。

そんなわけで、卒業式はいつだったのか、出たのか出なかったのか、いま、おぼえていない。

●エピローグ

「小さな願い」をたいせつに生きる

女は子どもさえ生めば、世界は男がつくる？

いま、女に生まれる、女として生きる、とはどういうことなのだろうか。そのことを求めて考えていくことが困難になってきている。

ある母親が、娘に「勉強しなさい。のらりくらりしてないで」といったら、その女の子はすかさず、「私はいいの、お母さんになるのだから」といったという。男の多数派はいう。「女は子どもさえ生んでくれたらいい。あとのものはぜんぶ男がつくるから」――これは、じつは化粧品会社の人事課長がいったことばだ。もちろん女たちを職場からしめだす意図でいっているのである。でも、するどく現実をついている、といっていい。

「男は外！　女は内！」

これは節分の文句ではない。この公式の意味はもちろん、「男が外で働いてせっせと工業製品をつくるから、女は家にいて子どもを生み、育て、あたたかい食事をつくってくれ」というものであっただろう。ひと昔まえまでは。

でも、いまは町にレストランがたくさんある。その日の夕食の材料を、お肉や野菜から調味料までセットして配達するという商売もはやっている。ホッカホッカ弁当もある。

「子どもさえ生んでくれれば、あとは男がやるよ」という世の中は、もう、すぐそこにある。それどころではない。「子どもがほしいのに生まれないカップルには、試験管のなかでベビーをつくってあげましょう」という世の中もそこにある。

女はなにもしなくていい。ただ夫のいうことを聞いていればいい。それではあまりに退屈だって？　それなら、お買いもの、観劇……いろいろと、どうぞ。

朝、夫と子どもがでかけたあと、冷暖房のきいたマンションにじいっとしていても、心配はつきない。夫が「窓際族」にならないだろうか。子どもは「非行化」しないだろうか。お野菜の農薬のこと、食品添加物のこと……ひじょうに皮肉なことだが、彼女は家族がこういうことにならないように、夫や子どもに口やかましくなる。そうして彼らを「管理」していくようになってしまう。で、彼女自身は満足しているのだろうか？　もちろん、満足なんかしていない。

こういう話を聞くたびに、私はつらくてならない。かつて彼女の抱いた「小さな願い」は、深くつみとられたのだ。同時に思う。もしかしたら、私が彼女であり、彼女が私であったのではないだろうか、と。

私もふくめて女たちは、若いとき、かならずといっていいほど、「夫や子どものためにつくす一生を選ぶのか。自分のために生きるのか」という選択をせまられる。いうまでもなく、第一の選択が女らしいやさしい選択である、とされている。だから、やさしい心もちの女たちは、第一のほうをしぜんに選ぶだろう。

私も、もしかしたら、彼女たちとおなじだっただろう。たまたま物理をやりだしてしまったけれども。また、彼女たちも私とおなじだっただろう。たまたま家にいたけれども。私と彼女たちは、おなじ悩みをなやみ、同時代の空気をすって生きてきた「片割れ」だ、といってもいい。彼女たちはやさしさと多少、身の安全を考えて第一の選択をした。一方、私は、私の流儀のやさしさと多少の無鉄砲さで第二の選択をした。

夫の不慮の死に出会って

この選択のちがいは、とるにたらない小さなものであっただろう、はじめのうちは。ちょうど小川の両岸を水の流れにそって歩いているようなものだ。手と手をつなぎあうこともできるし、おしゃべりもできる。見える景色もほとんどおなじだ。でも、それから十年がすぎ、二十年がすぎたとき、その川幅は大きい。私はそのことを、夫が亡くなるという悲しいできごとのなかで友だちから知らされた。

「あなたが元気なので、こちらは逆に教えられた」と彼女たちはいってくれたのだ。私はといえば、生きるための、あたりまえのことをしているつもりだった。だって、元さんの書きかけの原稿を整理しにいったり、職をたのんだり、母子年金の手続きにいったり、公務員宿舎にとりあえずおいてもらえるように頼みにいったりしていたのだから。

だから、そういわれて、逆に驚いた。じゃあ、人はこんなとき、なにをするというのだろうか。あるとき、夫を亡くした人が、「あの世まで引きずられそう」と書いているのを読んだことがある。私は、なぜか、そういうふうにはならなかった。

元さんの死後のことを弁護士に相談にいった。話がすんだあと、その弁護士は、「こんどは私のほうからきいていいでしょうか」といった。

「なぜ、あなたはご主人の不慮の死のあとも、こんなふうにして生きていかれるのでしょう?」

「ええ?」

私は、なぜそのような問いがありうるのかに驚きながらいった。

「なぜといって……いま、地球上には無数の不当な死があり、悲しみがあります。飢えによる死。戦争による死。夫の死も不当な死です。でも、夫は自分の選んだ仕事を夢中でやり、おそらく有頂天のなかで死にました……それに、私たちはそれぞれの死のことをよく話していました。どちらかが死んだら、どのように生きていけるか、ということや……」

話し終わらないうちに、その弁護士はこういった。

「わかりました。もうそれ以上、話していただかなくてけっこうです。あなたは自立していらっしゃる。私は職業がら、交通事故による遺族のお手伝いをすることが多い。でも、最近、私自身の仕事に疑問をもつようになりました」

「それはまた、どうしてでしょう?」

「とつぜんの不幸につき落とされた人に、われわれはなにができるか。遺族は働きざかりの人の奥さんが多い。育児に手がたりないのなら、保育所やヘルパー制度を整えることができる。

経済的な援助も、就職口のお世話もできないわけではない。最後に残るのは本人の生きる気力を呼びもどすこと、これがいちばんむずかしいのです。われわれは精神病院に入退院をくりかえし、結局、心中してしまった母子を何度も見てきました。そのたびに自分の無力を感じます。だけど、いま思うのは、生きるという気力だけは、本人が呼びもどさなければ、どうにもならないのではないか、ということです」

そうか。これが十年、二十年たったあとの川幅なのか、と私は思わないわけにはいかなかった。

生きることをつむぎあう

元さんが亡くなるまえ、元さんは私に、私は元さんにいいたいことがたくさんあった。そのとき、元さんは岡崎で新しい仕事の計画に熱中していた。私は大阪の枚方で、地域の友だちと『生きることはつなぐこと』という本づくりをしていた。夜になると、おたがいにどんなようすなのか電話をかけあった。そうして話すうちに、やっていることの外観はちがっていても、おたがいにその接近のしかたはなんと似ているんだろう、と思うのだった。そして、さらに考えていくと、これが二人のいつもの——何十年来の——やり方なのだった。

そのときから数年まえ、元さんは二年間、パリで仕事をしてきた。その新しい環境で彼の生活も研究も生きいきと展開したらしい。帰国して、「……と、こんなふうに感じたんだ」と彼が勢いこんで話すと、そのあいだ、うちにいた私も、「わかるわ。私にはそれに似たこんなことがあったの」ということになるのだった。それも一度や二度ではない。地球の反対側の体験、それも元さんは科学についての体験、私は子育てや地域の体験なのに、それが響きあう。元さんは、そのことを「不思議だね。ぼくがヨーロッパを旅してきた。そのあいだ、きみはフーリエ変換をした旅をしていたんだよ。そうとしか考えられない」といった。

フーリエ変換とは数学や物理にでてくることばで、ものを見るモノサシの質を変換する一つのやり方である。元さんが地球規模の旅をしているあいだ、私は心のなかの深みに旅をしていた、ということになる。ほんとうに一人の人の心のなかには、じつは広く深いなにかが開けているのだ。

私たちはそれまでも、自分のいちばんやりたいことを、相手なんかいるのを忘れたようにやった。でも、不思議だが、それがあるまとまったイメージにつながりかかると、相手にそれをしゃべりたくなる。そして、それから二、三日のうちに、なんかのきっかけで長い長いおしゃべりになる。そのなかからおたがいにハッと気づく豊饒《ほうじょう》ななにかを手にいれた。そんななかで相手の友だちを知り、いま読もうとしているその本を、相手がなぜ開いたのかを知る。「自分をせいいっぱい生きる」ことが、そのまま「相手をも生きる」ことになっているらしかった。

元さんが亡くなったとき、私には二人のあいだでかわした膨大《ぼうだい》なことばたちが残された。それらは、透明な気体となって私を満たした。あることばたちは、風にふんわり浮かんでいた。あるものは深い淵をつくり、あるものは急流をなしていた。

もう一つ私を満たしてくれたものは、たくさんの友だちのまなざしであり、心だった。元さんの友だちも、あたかも私の友だちのように接してくれた。私の友だちは元さんの友だちでもあった。友だちたちは私を勇気づけてくださった。相談にのってくださった。元さんの追悼集を編んでくださった。その編む作業に私を加えてくださった。『生きることはつなぐこと』の表紙をいも板でワイワイとつくるなかに加えてくださった。

職につかなければならない。当時、小学校六年、四年、そして、二年になる三人の子どもの生活をみなければならない。教職につきたいけれど、免許がない。その免許をとるために二十年ぶりで大学の聴講をはじめた。その講義が縁で、またステキな先生と知りあい、知らなかった学問の世界にすっかり魅せられてしまうような、私はていたらくであった。

一方、平行して理化学研究所の図書館につとめ、仕事をさせていただいて、子どもたちを食べさせた。図書館にまた、ステキなかたがいらして、そのかたの生き方からずいぶん学ばせていただいた。二十年まえにニセ学生をやらせてくださって、物理の演習をさせてくださった江沢洋先生は、「いっしょに科学の本を翻訳しましょう」といってくださった。絵本作家のまついのりこさんは、「いっしょに知識の絵本を書きましょう」といってくださった。太郎次郎社の浅川満さんは、「いちばん言いたいことを書いてみたら」といってくださった。

なんとありがたいんだろう。私が「生きる」という方向に、どうしてこんなに加勢してくださるんだろう。

「小さな願い」を求めつづける

もし秘密があるとしたら、元さんと私の、あのはじめの一歩、「小さな願い」にしかない。「小さな願い」を人は失ってはいけない。そこには、生きる内実を豊かにふくらませるカギがはいっている。五感・六感をアクティブに働かせ、人に伝えることばをつむぎださせ、望みのものを創る技術をみがかせるカギがはいっている。人と人を出会わせ、共感させるカギがはいっている。人と人が生きるための場をつくるカギがはいっている。

ところが、もし人がこのカギを心のなかにうずめてしまったら……それはとりかえしのつかない大きな空虚につながっていく。そこを管理主義がとらえる。

川の両側を歩いている女たちは出会わなければならない。きまりきった毎日の雰囲気を離れて、一人の人間どうしとして出会わなければならない。そのために心のなかから橋をかけよう。おたがいに川の両側からどんな景色が見えたのか、ぞんぶんに語りあいたい、と私は思う。

祇園祭にでてくる鉾《ほこ》が、じつはペルシャのものにそっくりだと聞くと、私たちはドキドキする。昔、はるばると、シルクロードをとおって、ローマと中国のあいだに交易があったという事実を聞くと、私たちは人間の持っているとほうもないエネルギーに思いをこらす。秩父の山ひだの、峠にへだてられた部落どうしが、じつは鉄道がひかれる以前から親しく行き来をしていたと聞くと、先祖の生活のありようを誇らしく思う。

いま、さまざまな生き方を選んでいる女たちが出会ったなら、徹底して信頼しあい、徹底して語りあったなら、このように人類史をよこぎるスケールの出会いになりうるだろう。

私はこんなふうに夢想する。人間もほかの動物とおなじにように、自分たちをひきつぐものとして子どもを育てる。哺乳類は子どもをもっとも安全に育てる方法として胎内を選んだ。人間もその子孫である。しかし、人間の子どもは、牛や馬の子どもにくらべて、未完成なものとして生みだされる。心身ともに成長しつづけるものとして生みだされる。成長しつづけてはじめて、人間の知恵やエネルギーをひきつぐものとなる。その間、十年以上にわたって大人たちは、子どもに安全な場所をしつらえておく。

しかし、その大人は、自分自身の悩みや夢のなかからなにかを創造していくよう運命づけられている。そうしないと、生命はうまく燃焼されない。生きてると自分で感じることはできない。日々がなにほどかの冒険であることが、「大人として生きる」ということなのではないだろうか。その間、子どもの安全はどうするのか?「仕事か子どもか」という悩みは、ほんとうは人類が進化の結果をどう引きうけるかということにかかわる大問題なのだ。

しかし、それを意識する男たちはまれだ。なぜ女が子育ての最中にこれほど悩むのか、まるでわからない。妻がアル中になるのはなぜなのか。蒸発するのはなぜなのか。経済的にはやれるのに、どうしても仕事につきたいというのはなぜなのか。

人間は、つねに自分としての「小さな願い」を求める。そのようなものとして生みだされている。それは進化の結果だ。彼女たちはその「内なる願い」にしたがって必死の信号をおくっている。自分を育てたいという女たちの訴え。自分を育てながらでなければ、子どもも育てられないという女たちの危機的な信号。まわりのものは、それをどのような深みから受けとっているだろうか。

とくに男たちは、女たちの訴えをどう受けとめるのだろう。もし、このきわめて生命の根源から発せられる、パートナーたちの信号が彼らに感受できないとしたら、彼ら自身の生命の営みも深く病んでいるのだろう。彼らはそのことに気づくのかどうか。なにしろ何千年もかかって病んだのだから……。これは彼らが彼ら自身でたてていく問題である。

私は私自身の出会いの深まりのなかから、なにかがきざしてくるのを感じる。身が軽くなり、エネルギーが満ちてくるのを感じる。明日があるのがうれしくなる。一歩一歩、なにかをやってみる。そして、そのなりゆきを体中でうけとめる。そのときの自分の心の動きを友だちに話してみたくなる。そう、あなたのなかにきざしているのは、あの生命の芽なのだ。「小さな願い」だって、そのなかからこそ生まれる。こうしてあなたは、あなた自身を生み、人とのつながりを生むだろう。一つの微笑のなかから、一つの作業に集中するなかから、生命のおりなす宇宙を感じるだろう。

あとがき

二十年まえ、「仕事をしながら赤ん坊を育てよう」と決心はしたものの、これは難問だった。問題集にならんでいるどの問題よりも。

でも、とびきりおもしろい解き方がこの問題にはあるのだった。それは女たちのもっているやさしさや知恵や勇気をおしゃべりによって耕し、まぜあわせる。こうした雰囲気のなかでは、〝あれっ〟というほど力がでて、難問だって解けてしまう。それが楽しくて、家庭にいる女たちともいっしょにこうした場「かたる会」を枚方でつくった。そこで、「おみそを自分でつくる法」や「乳飲み子をつれてコンサートにいく法」も解いた。

太郎次郎社の浅川満さんは、そんないきさつを身をのりだして聞いてくださった。「おもしろい。それを書いて本にしたら?」。

それから私は、通勤電車の席があいたら五行、仕事のまえに十行と原稿用紙をジグゾーパズルでつなぎ、浅川さんのところに持っていった。浅川さんはいつもその場で読んでくださった。

あいの手が楽しかった。絵本作家のまついのりこさんにも原稿を読んでいただいてはげましをいただいた。こうしてできあがったのが、この本。ありがとうございます。

日高六郎さんは、私たちのおしゃべりについてていねいな位置づけと、大きなはげましをこめて序文を寄せてくださった。なんとお礼を申しあげていいかわかりません。

ところで、「かたる会」当時の友人・丹羽雅代さん一家は、私と子ども三人が枚方から東京に引っ越したその夜に、冷えたすいかを持ってきてくださった。彼らは私たちより少しまえに東京に引っ越していた。まだダンボールが未整理のまま積んである居間で、私たち二家八人は車座になった。まな板とすいかを囲んで。それから、ときどき彼女からさそいがかかった。「いもむしころうさんの絵をかざり、手づくり料理を一品ずつ持ち寄って楽しむ会を計画したの」「『あごら武蔵野』っていう元気な女たちの会にいらっしゃいよ」――彼女たちが応援して、そのなかの一人、山本かなえさん（故人）が市議会議員になった、という。

枚方で実った種は、こんなふうに引っ越していった友だちにくっついてほうぼうに散った。そして、その地、その地でさまざまな芽をふいている。もしそのような友だちのことを書いたら、おそらく一冊の本になるほど。

まわりの男の人たちにとっても、こういう場はおもしろいらしい。考えるまでもなく、女にとっても男にとっても、地域に活気や出会いがあるほうが楽しいにきまっている。じつは男の人たちへのラブコールとしても、私はこの文章を書きはじめた。

現在、太郎次郎社のある遠山会館でも、森口さんや私もかかわって、「女たちのひろば」という場を細いけどつづけている。

「子育てまっ最中の人、どうぞ。おしゃべりしたい人も聞きたい人もどうぞ。暇すぎる人も忙しすぎる人もいっとき自分ってなんなのか話しませんか」

この本は友だちと共同の楽しい織りものなのだ。あなたとも、こうして本のなかでお会いできてうれしい。お読みになったご感想や「女たちのひろば」へのお問いあわせはお手紙で左記の私宅までお願いします。

最後になってしまったが、太郎次郎社の浅川満さんと友兼清治さん、外部スタッフの嶋田ゆかりさんがゆきとどいた本づくりをしてくださった。また、北山理子さんがステキな装幀をしてくださった。心からお礼を申しあげます。

不思議なことに、きょうは夫の命日にあたる。元さんは笑いながらいっているような気がする。「あいかわらずだな、蕭子は」と。

一九八八年二月二十日

曽田蕭子

子育ても料理も科学も遊んじゃおう
●暮らしのなかの学びあい

一九八八年三月二十日初版発行
一九八九年四月二十六日四版発行

著者……曽田蕭子
装幀者……北山理子

オンデマンド版発行　二〇二一年一月一日
発行所＝株式会社太郎次郎社エディタス
東京都文京区本郷三―四―三―八階
電話〇三―三八一五―〇六〇五
http://tarojiro.co.jp
印刷・製本＝デジタル・オンデマンド出版センター
 ISBN978-4-8118-0440-8

［著者紹介］
曽田蕭子（そだ・しょうこ）
一九三八年、東京都に生まれる。
薬学部に入学し、その後、物理学を専攻。
現在、日本科学技術情報センターに勤務。
共訳に『科学と創造――科学者はどう考えるか』（H・F・シャドソン著／江沢洋監訳／培風館）がある。

〔太郎次郎社の本〕

横川和夫

少女期　夢を抱きしめて——ルポルタージュ

突然、少女たちは浮遊しはじめた。好きな歌を口ずさみながら性の世界、空想の世界、死の世界へと——。彼女たちは心のなかで何を考え、何を思い悩んでいるのか。つぶやかれたホンネから、つらくせつない少女期の真実が見えてくる。

四六判・二六四ページ・並製カバー

永家光子

星条旗と日の丸——アメリカの体験から日本の教育を考える

管理教育・いじめ・学力・戦争・国旗・能力別指導など教育の主要なテーマをとりあげ、アメリカと日本ではどのようにちがっているかを母親の眼で対比し、そのちがいから日本の教育の姿をくっきりと浮かびあがらせる。

四六変型判・二二四ページ・並製カバー

大田堯

子は天からの授かりもの

子どもが人間らしく育たない、といわれる危機的な事態に、いちど教育の原理・原則に立ちもどって、人間とは何か、なぜひとは学ぶのか、学校とは何かを根源的に捉えなおし、親や教師たちが、いま、何をしなければならないかを語りかける。

四六判・二〇四ページ・上製カバー

無着成恭

無着成恭の倶会《くえ》一処《いっしょ》〔掌話集〕——しんでからもはっこうのつきあい

近代的な教育や認識の体系はたかだか三百年、仏教の思想は三千年の命脈を生きてきた。著者は世紀末の時代に仏道にはいり、日本の農業と仏教と、人間の教育の再生という終生のテーマを実践することになった。仏教から教育は何を学ぶか。

ミニB6判・二八八ページ・上製カバー